www.tredition.de

AF185009

Dietmar Widlewski

Rückblick - 65 Jahre West

Autobiografische Familiengeschichte

www.tredition.de

© 2020 Dietmar Widlewski

Verlag und Druck:
tredition GmbH, Halenreie 40-44, 22359 Hamburg

ISBN
Paperback: 978-3-347-14133-9
Hardcover: 978-3-347-14134-6
e-Book: 978-3-347-14135-3

Inhalt

Vorwort

Der Gedanke eine autobiografische Familiengeschichte zu schreiben, reifte eine längere Zeit. Kinder der fünfziger Jahre hatten das Glück in einer Zeit aufzuwachsen, in der gesellschaftspolitisch viel geschehen ist. Die Jahrzehnte der Nachkriegszeit bis heute gelten mit der Häufung von gravierenden Ereignissen im Vergleich zur Vergangenheit als besonders vielschichtig und bahnbrechend. Ich habe versucht diesem Anlass gerecht zu werden und meine persönlichen Erlebnisse mit den tatsächlichen Geschehnissen textlich verknüpft. Um den Unterschied der beiden Betrachtungen besser hervorzuheben, sind die nicht persönlichen Ereignisse kursiv gedruckt.

Die Einladung der Sowjetunion an die Bundesregierung 1955 und eine Reise mit meiner Mutter 2010 in ihre ehemalige Heimat sind ausführlicher beschrieben.

Für die Unterstützung und Hilfe bei der Erstellung des Textes bedanke ich mich herzlich bei allen Autoren des Autorenforums Köln, besonders bei Adrienne Brehmer, Cornelia Ehses, Jo Hagen und meinem Freund Rainer Brauer.

Dietmar Widlewski

Kindheit, Jugend und Schule

Die Anfänge

An einem Sommertag der fünfziger Jahre saßen in einem Ausflugslokal mein Vater Harry, mein älterer Bruder Wolfgang und ich. Wir waren Kleinkinder, die mein Vater auf seinem Fahrrad mehr oder weniger sicher transportierte. Mein Vater war froh ein Fahrrad zu besitzen.

Es ging lebhaft zu. Jeder bestellte laut sein Getränk, oder eine Mahlzeit, und wir Kinder hörten zu und wunderten uns, dass an unseren Tisch niemand kam, um eine Bestellung aufzunehmen. Mein Vater wurde ungeduldig und hob sichtbar den Arm. Endlich erschien eine Bedienung, und bevor er eine Bestellung aufgab sagte ich laut: „Herr Ober, einen Schnaps." Die umgebenden Leute lachten und mein Vater gab mir mit der flachen Hand ein paar Schläge auf meinen Hosenboden, nachdem er bestellt hatte. Mit zweieinhalb Jahren eine Bestellung aufzugeben – 1956 eine Unmöglichkeit, auch heute nicht üblich. Wir tranken unsere „Libella" Limonade aus und fuhren nach Hause, nicht ohne einen Kommentar der Leute, die nahe bei uns saßen und ihren Spaß hatten.

Vater stellte das Fahrrad an der Hauswand ab. Wir gingen die wenigen Stufen zur Haustür hinauf, weiter bis zur Wohnungstür im Hochparterre, wo uns meine Mutter Margot empfing. Sie bereitete ein Sonntagsessen vor, dass viele Jahre Tradition wurde. Sie blieb zu Hause, während Vater und wir Kinder einen Spaziergang unternahmen. Erst viel später blieb ab und zu sonntags die Küche kalt und die gesamte Familie unternahm mit dem Auto einen Ausflug in den benachbarten Odenwald, wo wir nach einem Spaziergang eine Kleinigkeit aßen.

Wir wohnten seit der Jahreswende 1953/1954 in Heusenstamm, einem kleinen Ort nahe Offenbach am Main. Ich war wenige Wochen alt und noch in Otterndorf geboren, dort wo meine Eltern sich kennenlernten. Wolfgang wurde bei meiner Geburt zwei Jahre. Er hatte jetzt einen Bruder, auf den er achtete, ihn später an die Hand nahm und beschützte. Einiges hat sich bis heute bewahrt; er half mir später finanziell, als ich mit meiner Familie in Bonn lebte.

Meine Eltern lernten sich 1950 in Otterndorf kennen, nachdem mein Vater Weihnachten 1949 als Spätheimkehrer aus russischer Kriegsgefangenschaft zurückkehrte. Er hatte großes Glück gehabt zu überleben. Nach Kriegsende wurde er von russischen Soldaten gefangen genommen und zunächst zu einem Steinkohlebergbau abkommandiert. Das Lagerleben war sehr eintönig, die Arbeit unmenschlich schwer, und es gab so wenig zu Essen, dass 50 % der deutschen Gefangenen in Russland verhungerten. Mein Vater hatte einen eisernen Überlebenswillen und eine stabile Körperabwehr. Ein Ergebnis seiner ostpreußischen Heimat und Erziehung. Er war einziger Sohn, lebte zusammen mit acht Schwestern und seinen Eltern in Korschen (Ostpreußen), nahe eines Eisenbahnknotenpunktes in einer Nebenerwerbslandwirtschaft.

Mein Großvater Gustav fuhr als Lokomotivführer seinen Sohn Harry mit dem Zug nach Rastenburg in Ostpreußen in die Schule. Dort ging mein Vater auf das Gymnasium, das, wie alle Schulen, nationalsozialistisch geprägt war. Alle Schüler waren in der Hitlerjugend, keiner traute sich dagegen zu sein. Mit 16 Jahren wurde es leicht gemacht, dazu zu gehören. Alle aus seiner Klasse meldeten sich in diesem Alter 1943 freiwillig zum Krieg. Eine schwerwiegende Entscheidung, denn viele kehrten nicht wieder nach Hause zurück.

Sich an ein „zu Hause" erinnern zu können spielte eine Rolle bei der hohen psychischen und physischen Belastung einer Gefangenschaft – an der inneren Stärke meines Vaters prallten – so schien es - manche Belastungen ab, beispielsweise der Hunger und die Malaria, die einen Gefangenen ständig begleiteten. Über Jahre schaffte es mein Vater, brieflichen Kontakt zu seinen Geschwistern und Eltern zu halten, die nach ihrer Flucht in Norddeutschland lebten. Nach fünf Jahren in der russischen Gefangenschaft (besonders Russland rächte sich für die vielen gefangenen russischen Soldaten in Deutschland, die in der großen Mehrheit ihre Heimat nie wiedersahen) wurde mein Vater Weihnachten 1949 entlassen und mit dem Zug nach Deutschland transportiert. An einem Weihnachtstag holte ihn der Ehemann von Tante Hertha, Onkel Paul, vom Otterndorfer Bahnhof ab.

Die ersten Kriegsgefangenenlager in der Sowjetunion entstanden im Jahre 1939. Bei einem Feldzug der Roten Armee im Grenzgebiet zu Polen wurden 250.000 polnische Soldaten gefangen genommen. 1942 gerieten 91.000 Soldaten und Offiziere der deutschen Wehrmacht bei Stalingrad nach einer Offensive der sowjetischen Armee in Gefangenschaft. Besonders nach Kriegsende stieg die Anzahl der deutschen Kriegsgefangenen in Russland sprunghaft an. Insgesamt gab es über drei Millionen deutsche Gefangene, die vom Streitkräfteministerium versorgt werden mussten. Untergeordnete Stellen übten die Kontrolle aus. Es entstand ein Netz von Aufnahmestützpunkten und Frontlagern für Kriegsgefangene. In einem Findbuch sind im Detail alle „Orte des Gewahrsams von deutschen Kriegsgefangenen in der Sowjetunion (1941-1956)" und die Anzahl der Gefangenen verzeichnet.

Die Sowjetunion war in 15 Wirtschaftsregionen mit 216 Lagerverwaltungen und 2500 Einzellagern aufgeteilt. Allein in der Zentralregion wurden 50 Lagerverwaltungen mit 655 Einzellagern organisiert, u.a. befand sich auch Tula darunter, ein Ort, in dem mein Vater gefangen gehalten wurde (Lagernummer 323).

Mein Vater erzählte wenig über die Gefangenschaft. Erwähnt hatte er das äußerst spärliche Essen und die mangelhafte medizinische Versorgung. Wenn für mehrere Gefangene Lebensmittel zur Verfügung standen, dann musste es geteilt werden. Beispielsweise erhielten vier Männer ein Brot. Jeder wollte ein Endstück erhalten, da dort angeblich mehr Kraft und Energie steckt. Nach längerer Diskussion kam man auf die Idee das Brot zu vierteln, so dass tatsächlich jeder ein „Kantenstück" erhielt. Ernährungsthemen zu klären wurde in der Gefangenschaft zu einer besonders wichtigen Angelegenheit.

Ein weiteres Ereignis dokumentiert die Bedeutung des Hungers in Kriegs- und Gefangenentagen: Im Jahr seiner Gefangennahme verspürte mein Vater einen verzehrenden Hunger. Es ergab sich die Chance einen Tausch abzuwickeln: seine warmen und stabilen, schwarzen Lederschuhe gegen ein ganzes Brot. Er willigte ein und aß sich endlich satt. Bald war der Hunger wieder da, die Versorgung mit Lebensmitteln lückenhaft und seine Frustration unendlich groß (erst später verstand ich meinen Vater, der seinen Söhnen, als sie Kinder waren, genähte und stabile Schuhe kaufte). Als mein Vater nach einem Unfall im Bergwerk am Knie operiert werden musste, erfolgte der Eingriff ohne Betäubung, da es keine Mittel für eine Anästhesie gab.

Im Mai 1950 befanden sich noch 13.500 deutsche Soldaten in sowjetischer Gefangenschaft, 1955 noch genau 9626. In der Sowjetunion galten diese Soldaten als Kriegsverbrecher. Mit Ihnen wurden Schauprozesse abgehalten, die als Ziel ausgaben, sie als Kriegsverbrecher zu bezeichnen und zu verurteilen. In der Tat gab es ca. 1000 Soldaten unter ihnen, denen nach ihrer Heimkehr in Deutschland (zum Teil) der Prozess gemacht wurde. (Exkurs: Während des 2 Weltkrieges begingen Teile der deutsche Armee grausame Verbrechen an der sowjetischen Zivilbevölkerung, die nach dem Völkerrecht als Kriegsverbrechen einzuordnen sind.)

Im Sommer 1955 erhielt die deutsche Bundesregierung überraschend eine Einladung für einen Staatsbesuch in Moskau. Ziel war es primär, die Aufnahme diplomatischer Beziehungen zu vereinbaren und die politische Machbarkeit einer Wiedervereinigung zu prüfen. Auch dachte man auf deutscher Seite daran, die letzten deutschen Kriegsgefangenen nach Hause zu bringen. Vom 8. September bis zum 14. September 1955 reiste eine deutsche Delegation nach Moskau. Als ein Mitglied war auch der stellvertretende Vorsitzende des auswärtigen Ausschusses, Prof.

Dr. Carlo Schmid (SPD), anwesend. Er galt als loyal, diplomatisch und sehr belesen. Seine Unerschrockenheit und sein selbstbewusstes Auftreten gegenüber sowjetischen Verhandlungspartnern waren richtungsweisend. Während der wechselvollen Gespräche, in denen zum einen gescherzt und zum anderen harte Vorwürfe ausgetauscht wurden, verstand es Carlo Schmid in kritischen Situationen sein Wort zu erheben und die Stimmung wieder zu glätten. Zum einen ging es um die Größe eines Wodka Glases (ein größeres Glas wurde Schmid sofort gewährt) zum anderen um die ernsthaften Verhandlungen über das Schicksal der letzten deutschen Kriegsgefangenen auf russischem Boden. Als die Stimmung an einem Tiefpunkt angelangt war sagte Schmid: „Es fällt mir nicht leicht als Angehöriger eines Volkes zu sprechen, in dessen Namen ungeheure Verbrechen am sowjetischen Volk begangen worden seien, gegen die sich nichts aufrechnen lasse. Er schäme sich zu bitten. Aber die sowjetischen Führer sollten in dieser Stunde nicht an die verurteilten Verbrecher, sondern an deren Mütter und Kinder denken. Nicht aus Gerechtigkeit, sondern aus Großmut möchten sie die Menschen freigeben, aus jenem Großmut, der seit je eine Tugend des russischen Volkes gewesen sei." Nach tiefem Schweigen in der Verhandlungsrunde sagte Chruschtschow: „Das war ein gutes Wort, jetzt können wir weiterreden." Der Vorsitzende Bulganin vertagte die Sitzung auf den nächsten Tag und Konrad Adenauer ging zu dem Sozialdemokraten und bedankte sich bei ihm. Noch am selben Abend der Verhandlungen fand im Kreml Schloss eine Feierlichkeit für mehrere hundert Personen statt. Dort wurde erneut der Wechsel von vertrauensvoller Zusammenarbeit und verständlicher Zurückhaltung der Verhandlungspartner fortgesetzt. Unerwartet sagte der sowjetische Ministerpräsident Bulganin plötzlich während der Feierlichkeiten, dass alle deutschen Kriegsgefangenen und auch die inhaftierten Zivilisten acht Tage nach dem Entschluss, diplomatische Beziehungen mit Westdeutschland aufzunehmen, heimkehren werden. Darauf gebe er sein Ehrenwort. Chruschtschow bestätigte das Ehrenwort, das die deutsche Delegation gerne schriftlich erhalten hätte. Hektische diplomatische Betriebsamkeit herrschte nach der Entscheidung der Russen, aber sie blieben hart. Das Ehrenwort eines sowjetischen Ministerpräsidenten, so Bulganin, war mehr wert als ein ganzer

Schrank voller Akten von Molotow, sowjetischer Außenminister, der nur eine bescheidene Nebenrolle in den Verhandlungen spielte. Die deutsche Delegation musste sich mit dem Ehrenwort zufrieden geben und wurde nicht enttäuscht. Die Sowjetunion hielt sich genau an das besprochene Verfahren.

Das Thema der Wiedervereinigung Deutschlands spielte eine Nebenrolle während der Tage im September 1955 in Moskau, denn unmissverständlich teilte die sowjetische Führung mit, dass der Status quo sich nicht verändert habe, solange in den Pariser Verträgen feststand, Deutschland dem Militärbündnis der NATO anzugliedern. Somit komme es nicht zu „alsbaldigen" Wiedervereinigungsverhandlungen der Deutschen mit der Sowjetunion. In wie weit sie bereit gewesen wäre bald die deutsche Wiedervereinigung auf einen neuen Tagungsordnungspunkt zu setzen, wenn die Deutschen ihre Bereitschaft dem westlichen Militärbündnis beizutreten zugunsten einer Neutralität verworfen hätten, ist nicht bekannt. Das Thema „Wiedervereinigung" wurde auf die normalen diplomatischen Beziehungen geschoben, die jetzt beschlossen wurden. Die Stalin Note von 1952, gesamtdeutsche freie Wahlen abzuhalten, war immer noch gültig, sagte der Chef des Informationsamtes im sowjetischen Außenministeriums, Iljitschow. Aber Adenauer war gesellschaftspolitisch primär westlich orientiert und zog mit den politischen westlichen Zielen an einem Strang. Die sanfte sowjetische Offerte der unverzüglichen Verhandlungen zur Wiedervereinigung Deutschlands wurde nicht mehr verfolgt. Erst viele Jahre später sollte sich eine politische Lösung anbahnen, die im Gegensatz der fünfziger Jahre in vollem Umfang genutzt wurde.

Als die deutsche Delegation nach Hause zurückkehrte, galt das Ergebnis als eine wahre Heldentat Adenauers. Als verantwortlicher Leiter der Delegation brachte er die letzten deutschen Kriegsgefangenen nach Deutschland zurück und erreichte die Aufnahme diplomatischer Beziehungen mit der Sowjetunion. Inwieweit der Ministerpräsident der Deutschen Demokratischen Republik, Otto Grotewohl, sein Wort für die letzten deutschen Gefangenen in der Sowjetunion einlegte und das vor den westdeutschen Verhandlungen 1955 in Moskau sowjetische Entgegenkommen in dieser Frage, blieb ungeklärt.

Bis heute sind die Schicksale von 1,3 Millionen deutschen Militärange-
hörigen und inhaftierten Zivilisten in der Sowjetunion nicht aufgeklärt.

Jahre später, auf sonntäglichen Spaziergängen vor dem Mittagessen in Heusenstamm, wurde mit Freunden und Bekannten über
den Krieg diskutiert. Es gab einen Konsens: Es existiert nichts
Grausameres als den Krieg und dessen Folgen. Besonders die Zivilbevölkerung ist betroffen und leidet. Um so erstaunlicher, dass
es noch heute sich über Kriege zu informieren gilt, denn es gibt
weltweit mehr als 20 bewaffnete Konflikte, die einen Krieg als
Fortsetzung der Politik mit anderen Mitteln betrachten.

Der 2. Weltkrieg und die Kriegsgefangenschaft meines Vaters
wirkten im Verborgenen. Nach vielen Jahren eines normalen Lebens in der wiedererstarkten Bundesrepublik brachen die Belastungen und die grausamen Ereignisse in der Erinnerung wieder
hervor, als auf dem Friedhof in Heusenstamm der Männerge-
sangverein „Konkordia" ein Weihnachtssingen veranstaltete.
Vielleicht gab Ende der vierziger Jahre ein sowjetischen Männer-
chor in der Kriegsgefangenschaft ein Konzert, das mein Vater damals mit anhörte und an seine Familie und die Freiheit dachte.
Alle Familienmitglieder begleiteten meinen Vater auf den Friedhof. Dort erklang das Lied vom Glöcklein des Don Kosaken
Chors. Der Gesang war sehr fein und emotional und erinnerte
meinen Vater an das große Glück ohne wesentliche Blessuren den
2. Weltkrieg und die Gefangenschaft überstanden zu haben. Er erlitt auf dem Friedhof einen Zusammenbruch. Den gesamten
Weihnachtstag erlebte mein Vater wie von Geisterhand gesteuert
und war kaum ansprechbar. Erst einen Tag später trat das Ereignis auf dem Friedhof in den Hintergrund und die Familie fand
wieder zu Weihnachten.

Otterndorf nach dem Krieg

Meine Mutter Margot lebte seit 1945 als Flüchtling in Otterndorf.
Sie floh mit ihren Geschwistern und meiner Oma im Winter 1945

mit Pferd und Wagen, nur mit dem Allernötigsten bepackt, aus dem damaligen Westpreußen vor der sowjetischen Armee. Meine Oma (mein Opa war Soldat und nicht anwesend) hatte bei der Flucht das Zepter fest in der Hand. Sie organisierte die gesamte Fahrtstrecke und brachte ihre Familie 1945 bis nach Otterndorf – viel weiter ging es nicht nach Westen.

Margot (ganz rechts) und Familie am Zempelburger See, 1940

Meine Mutter war 15 Jahre alt. Sie absolvierte in der Wingst (ein hügeliges Waldgebiet ca. 20 km östlich von Otterndorf) eine Ausbildung in der Hauswirtschaft und fuhr jeden Tag mit dem Fahrrad zur Arbeit.

Die Zeit nach dem Krieg bis zum Beginn der Fünfziger war für die Familie schwierig. In den ersten Jahren nach dem Krieg gab es wenig zu essen, wenn, dann auf dem Lande, auch in Otterndorf. Hier wurde, was fehlte, getauscht und handwerklich vieles selbst gemacht. Die Familie lebte bescheiden und freute sich über jede Abwechslung, die nichts mit dem Überlebenskampf zu tun hatte.

Nach dem Kennenlernen trafen sich meine Eltern 1950 auf dem Schützenball in Otterndorf. Es war eine der wenigen Veranstaltungen der Freude, mit Tanz, Getränken und Musik. Jeder war gut gekleidet, die Frauen in Kleidern, die Männer in Anzügen. Meine Eltern blühten auf und lernten sich und Otterndorf kennen, in aller Bescheidenheit. Mein Vater erzählte uns Kindern später, dass er im Sommer mit einem Salto von der Schleusenbrücke in den damals noch sauberen Verbindungskanal sprang. Sie heirateten im Sommer 1951, ohne eine offizielle Feier. Vielleicht war der Grund, dass Margot mit Wolfgang schwanger war. Ursache war aber wohl auch das fehlende Geld. Aber es gab eine kleine, bescheidene Feier in der Familie und Pläne für die Zukunft sich in Otterndorf eine Wohnung zu mieten. Harry absolvierte mit 25 Jahren eine kaufmännische Lehre in Otterndorf und Margot versorgte einundzwanzigjährig Wolfgang, der am 17. November 1951 in Otterndorf geboren wurde.

Über Freunde und Bekannte gelang es meinen Eltern eine kleine Dachwohnung in Otterndorf zu mieten. Es gab kaum bezahlbare Wohnungen, ein ähnliches Problem wie heute. Beide hatten Glück und richteten die Wohnung gemütlich ein. Viele Freunde und Verwandte spendeten Dinge für die Wohnung. Aber bald gab es Probleme mit dem Vermieter. Es lag eine Kündigung wegen Eigenbedarfs auf dem Tisch. Mein Vater widersprach und erhielt vor Gericht Recht. Selbst die regionale Presse berichtete von einer „Puppenstube", die unberechtigterweise gekündigt war.

Die gesellschaftspolitische Situation auf dem Lande war gegenüber Städten nicht einfach. Es gab zu essen, aber kaum Arbeitsplätze für eine Zukunft mit einer Familie.

Die 5-fache Menge an landwirtschaftlich orientierten Arbeitskräften gegenüber Angestellten demonstriert die Dominanz der landwirtschaftlichen Struktur im Flächenstaat Niedersachsen. Die Anzahl der Kaufleute, z. B. in Hessen betrug im gleichen Jahr rund 155 000, die zweitstärkste Berufsgruppe in Hessen, während die Anzahl der Kaufleute in

Niedersachsen nur die vierte Position einnahm, wobei über 8 Prozent Arbeitslose niedersächsische Kaufleute existierten. Dies führte dazu, dass sich mein Vater für einen Umzug nach Hessen entschloss.

Wir zogen nach Heusenstamm, dort wo auch seine Freunde und Kameraden aus Kriegstagen lebten. Es waren Onkel Hans und Onkel Karl-Heinz, die für Heusenstamm sprachen. Ich wurde am 25. November 1953 noch in Otterndorf geboren. Der Umzug nach Heusenstamm fand im selben Jahr zu Weihnachten statt.

Die ersten Jahre in Heusenstamm

Zunächst wohnten wir in Heusenstamm bei Opa Zimmermann, bis wir eine Wohnung durch den Besitzer der Reifen-Firma, in der mein Patenonkel Hans arbeitete, erhielten. Die Wohnung hatte keine Heizung, einen großen beheizbaren Heizkessel im Bad und einen kleinen Ofen in einem schmalen Zimmer, wo Wolfgang und ich schliefen. Ein Ofen stand in der Küche, wo sich das Leben abspielte. Jeden Morgen stand Margot früh auf und zündete den Ofen an, so dass im Winter die Eisblumen am großen Fenster in der Küche verschwanden. Als Zündhilfe für den Ofen dienten „Schischken", die mein Vater im Wald, der auf der anderen Straßenseite gegenüber anfing, sammelte. Es waren die Samenhalter der Kiefern, die überall auf dem Waldboden verstreut lagen. Sie gehörten Jahre zu unserem Alltag.

Wolfgang nutzte ein Sofa, das in der Küche stand, als ich gerade geboren war, zum Spielen. Er hüpfte auf dem Sofa hin und her, verlor bald die Kontrolle und flog Hals über Kopf auf den Ofen, der neben dem Sofa stand. Er weinte, aber meine Eltern entschieden mit ihm nicht zum Arzt zu gehen. Irgendwann hörten die Schmerzen bei meinem Bruder auf, und der Sturz geriet in Vergessenheit. Erst nach Jahren sagte ein Arzt nach einer Untersuchung, die Nase sei gebrochen und es wäre schwierig jetzt zu operieren. Wolfgang sollte abwarten, bis die Nase ausgewachsen sei. Sie wuchs schief zusammen. Bis heute prägt sie das Gesicht meines Bruders. Der Sturz blieb ohne weitere negative Folgen für ihn.

Vater kaufte vor dem Winter bis zu acht Zentner Kartoffeln, die wir in unserem Keller aufbewahren konnten. Wir aßen Kartoffeln in allen Variationen: Salzkartoffeln und Pellkartoffeln mit Quark, Reibekuchen mit selbst gekochtem Apfelmus und Kartoffelbrei, Bratkartoffeln und Kartoffelsalat. Abends gab es Roggenbrot mit Kümmel, das wir von unserem Stammbäcker aus dem alten Ortsteil in Heusenstamm kauften. Wir hatten zu essen, keiner musste hungern, aber das Essen war anfänglich bescheiden. Wir konnten auch Wurst und Käse kaufen, aber das stand zunächst selten auf dem Tisch. Wenn wir Kinder am Nachmittag Hunger verspürten, bereitete meine Mutter uns ein Butterbrot mit Zucker zu und wir waren zufrieden.

Mein Vater lernte fleißig nach Feierabend Betriebswirtschaftslehre. Dabei leistete er sich Fachzeitschriften und las sich Spezialkenntnisse an, die ihm im Beruf von Nutzen waren. Er bereitete sich auf die Bilanzbuchhalter Prüfung bei der IHK (Industrie- und Handelskammer) vor, die in seinem Beruf voll anerkannt wurde. Es war eine Zeit des wirtschaftlichen Wachstums, und es wurden Fachkräfte gesucht. Mein Vater bestand die Prüfung und fand sofort eine Stelle als Bilanzbuchhalter. Es ging bergauf, denn er brachte freitags mehr Geld in seiner Lohntüte nach Hause, so dass es einmal die Woche für uns Kinder Limonade zu trinken gab und – obwohl kein Fernsehgerät vorhanden war – wir die Fernsehzeitschrift „Hör zu" kaufen konnten. In ihr gab es neben dem Fernseh- und Rundfunkprogramm mehrere Seiten Kultur zu lesen und Rätsel zu lösen. Auf einer der letzten Seiten befand sich die Comic Geschichte „Mecki und seine Freunde", die wir alle gerne gelesen haben. Die Geschichten teilten über Jahre viele Wochenenden mit uns.

Wir hörten Radio, das Vater Anfang der 50er Jahre gekauft hatte. Es stand in der Küche und lief fast ständig. Abends fieberten wir mit dem Kriminalrat Obermoos mit, hörten Hans Joachim Kulenkampff, Peter Frankenfelds Geschichten und später Elmar Gunsch, der mit einer beruhigenden Stimme so sprach, dass schlimme Ereignisse wie ein sorgloser Spaziergang auf einer Frühlingswiese klangen.

Jahre später wurde sonntags nach dem Essen im Bayerischen Rundfunk „Der Pumuckel" gesendet, den besonders ich verfolgte. Ich nahm mir einen Hocker, legte mich auf den Rücken vor das Radio, die Beine auf den Hocker platziert. Es ging mir gut und ich versank für eine halbe Stunde im Radio, das mit dezenter

Lautstärke lief. Zur gleichen Zeit hielt meine Mutter im gleichen Zimmer ein Schläfchen, nach getaner Küchen- und Aufräumarbeit.

Ende der fünfziger Jahre saßen wir in der Küche und hörten ein lautes Brummen von der Hauptstraße her. Es war eine Kolonne von amerikanischen Militärfahrzeugen, die zu einer Übung fuhren. Schwere Panzer fuhren mit. Einige Kinder rannten zur Straße und riefen „Ami!" Die ließen sich nicht bitten und verteilten Schokolade und Konserven, fast wie heute zu Karneval, wenn Bonbons und Süßes in die Menge geworfen werden. „Ami" war das erste Wort neben Ata (ein Putzmittel), das ich einjährig sprach. Die Amerikaner waren in Frankfurt stationiert. Von dort aus flogen Hubschrauber ihre Einsätze. Ein Hubschrauber bekam Anfang der 60er- Jahre ein technisches Problem über Heusenstamm und musste notlanden – es gab einen großen Menschenauflauf und ein unkontrolliertes Zusammentreffen mit amerikanischen Soldaten. Es war nichts geschehen, selbst an der Landestelle in einem unwegsamen Gelände wurden Lebensmittel verteilt. Nach Stunden der Wartezeit hob der Hubschrauber wieder ab.

Neben unserem Haus befand sich ein halb zugewachsener Bombentrichter. Wir nannten ihn „Kuhle", ein idealer Platz zum Spielen. Hier trafen sich Kinder der Nachbarschaft. Wir spielten Verstecken, Räuber und Gendarm. Es war gemütlich, jeder fühlte sich wohl und wir hatten dort unseren Spaß, bis nach jahrelangem Streit, was nun mit dem Gelände geschehen soll, entschieden wurde, auf diesem Grund und Boden eine Tankstelle zu errichten.

Als Spielplatz diente uns Kindern auch der Wald, der auf der anderen Straßenseite unserer Wohnung begann; es führte ein Waldweg parallel zur Hauptstraße entlang, der angenehm zu gehen war. Tagsüber folgten wir diesem Weg, im Dunkeln gingen wir lieber auf dem Bürgersteig, der neben der Straße rechts an der evangelischen Kirche vorbei in die Stadt verlief. Vater musste noch bis Anfang der sechziger Jahre Samstags den halben Tag arbeiten und fuhr mit dem Zug nach Hause. Ich war gerade vier Jahre alt, als ich meinen Vater Samstag mittags abholen wollte, obwohl ich genau das nicht durfte. Ich ging mutig den Waldweg entlang, war spät unterwegs und sah meinen Vater auf der anderen Straßenseite. Freudig entschied ich zu ihm zu laufen. Ich rannte los, schaute nicht auf die Straße, als ich rechts einen LKW sah, der scharf bremste und mich nur knapp verfehlte. Den letzten Meter zu meinem Vater sprang ich ab und landete in seinen Armen. Die Aufregung war groß, aber mir war nichts passiert. Mein Vater war erschrocken. Nach einer kurzen Erholungspause verabreichte er mir eine Tracht Prügel. Sie bewirkte, dass ich ihn eine ganze Zeit samstags nicht mehr abholten wollte.

Nach dem Mittagessen – meist gab es am Samstagmittag einen Eintopf – startete mein Vater zu Hause eine Aufräumaktion im Hof. Dort lagen zerkleinerte und vergruste Kieselsteine, die mit einem Rechen geharkt wurden, ganz präzise und regelmäßig, wie in einem japanischen Garten. Der Bürgersteig vor dem Haus wurde gefegt sowie der wenige Müll von der Straße gesammelt. Von uns Kindern hatte jeder eine Aufgabe. Meine war es, am Rande der Straße direkt vor unserem zu Hause zu fegen. Aber irgend etwas hatte ich falsch verstanden und zog mit einem Besen bewaffnet los, die gesamte Siedlung vom Unrat zu befreien. Es dauerte seine Zeit, bis ich wieder zu Hause ankam und stolz meine Taten verkündete. Ich wurde schon vermisst und jeder sprach aufgeregt auf mich ein, dass ich mir zu viel zugemutet hatte, was gar nicht nötig war. Nachdem wir uns alle beruhigt hatten - nach getaner Arbeit - freuten wir uns auf ein Stück frischen Käsekuchens, den meine Mutter während der Aufräumaktion gebacken hatte.

Am 23. August 1956 wurde Doris geboren, Wolfgang und ich waren 5- und 3 Jahre alt. Eines Morgens wachten wir auf und Margot war nicht da. Sie fuhr nach Offenbach ins Krankenhaus, und Vater hatte Oma gebeten, auf uns aufzupassen und den Haushalt zu führen. Lange dauerte die Vertretung nicht, bald fuhr Oma wieder nach Hause. Endlich klappte es: Mutti bekam ein Mädchen. Sie liebte uns Jungen, aber sie wünschte sich immer ein Mädchen, nun war es da. Doris schlief bei den Eltern im Schlafzimmer, alles wirkte beengt, aber es funktionierte, denn wir mussten noch auf die Räumlichkeiten einer größeren Wohnung verzichten.

Wolfgang, Doris und Dietmar (von links nach rechts), 1958

Doris behauptete sich gegen Wolfgang und mich, was für sie nicht immer einfach war. Vater unterstützte sie und sagte: „Doris steckt euch einmal alle in den Sack", was uns nur anspornte. Sie wurde von Wolfgang und mir öfters geärgert, wehrte sich aber durch Tränen. Mutti forderte sie auf, sich mehr zu wehren, was sie dann auch umsetzte. Sie erwarb sich in dieser Zeit den Spitznamen „Heulsuse". Später wurde daraus „Susi", wie wir sie viele Jahre riefen.

Wolfgang, 1956

In unmittelbarer Nachbarschaft lebte eine Familie mit zwei Söhnen. Mit dem jüngeren Sohn spielte ich oft. Meine Mutter sagte mir: „Wenn dich jemand schlägt, musst du dich wehren". Ich nahm mir das zu Herzen, und bei nächster Gelegenheit gerieten wir in Streit. Ich wehrte mich über die Maßen, nahm meine Kräfte zusammen und schleuderte den Nachbarsjungen gegen unsere Eisenhoftür. Er blieb mit einem Ohr an dem Eisentor hängen, befreite sich und weinte bitterlich. Später kam seine Mutter zu uns und beschwerte sich über mich. Ich sagte, ich habe mich nur gewehrt. Es sei keine Absicht von mir gewesen, ihren Jungen zu verletzen. Sein Ohr heilte, und wir gingen uns eine Zeit aus dem Weg.

Wolfgang und ich schliefen in einem kleinen, schmalen Zimmer der Wohnung. Wir empfanden es als gemütlich. Abends kam Susi in das Zimmer, um Wolfgangs Gute-Nacht-Geschichten mit anzuhören. Er malte sich eine Geschichte aus, die er uns erzählte.

Meist trafen sich Protagonisten der Comic Serie „Mecki und seine Freunde", um Abenteuer zu bestehen. Danach schliefen wir ein.

An einem Abend hatte ich, als ich schon im Bett lag, noch Hunger und traute mich meine Mutter zu fragen, ob sie mir noch etwas zu essen zubereiten könnte. Obwohl es ungewöhnlich war, kochte meine Mutter noch Kartoffelbrei, der fantastisch schmeckte, was meinen Bruder aufmerksam machte, der seinen Anteil erhielt. Bald kam Doris noch hinzu und wir hielten am Abend einen Schmaus ab, der sich nicht wiederholen sollte, denn das Tagwerk meiner Mutter war getan.

In regelmäßigen Abständen fand bei uns zu Hause die große Wäsche statt. Es gab keine Waschmaschine, aber eine Waschküche mit einem großen Heizkessel, einer Waschschüssel und einer Wäschemangel. Meine Mutter stand gegen 5 Uhr morgens auf, um in der Waschküche den Heizkessel für die Wäsche zu befeuern. Wenn das Wasser heiß genug war, wurde die Kochwäsche ausführlich gekocht und anschließend durch die Wäschemangel gedreht, danach in der Waschküche zum trocknen aufgehängt.

In der Zwischenzeit bereitete meine Mutter ein Mittagessen für die Familie zu und fuhr noch mit dem Fahrrad zum Einkaufen. Am frühen Nachmittag war der Waschtag vorüber und meine Mutter so erschöpft, dass sie wiederholt am Küchentisch einschlief.

Eines Abends kam mein Vater spät von der Arbeit nach Hause und seine Kinder waren schon im Bett. Wir schliefen aber nicht, da wir auf ihn gewartet hatten. Er begrüßte uns, und wir baten ihn, uns vorzulesen. Schweren Herzens las er jedem von uns Kindern eine Geschichte vor. Als letzten Zuhörer war ich an der Reihe die Geschichte vom Habicht und seiner Beute zu hören. Ich lauschte gespannt, wie der Habicht mit Mühe seine Beute mit den Krallen fasste und der Marder sich wehrte. Der Widerstand war groß, so dass der Raubvogel von seiner Beute lassen musste. Er setzte sich todmüde auf einen Ast und ließ die Beute aus den Krallen gleiten. Sie war nicht mehr am Leben und konnte den Habicht nicht mehr ernähren, da auch er Verletzungen davon trug, die ihm seine Beute zufügte. Wenig später verstarb der Raubvogel.

Als mein Vater zu Hause in Otterndorf gestorben war, verabschiedete ich mich von ihm. Ich bedankte mich bei ihm für seine Fürsorge und Menschlichkeit. Auch für das Vorlesen am Abend, obwohl es ihm schwer fiel. Dabei erwähnte ich die Geschichte vom Habicht. Ich bin ein rational denkender Mensch, aber als ich am nächsten Nachmittag bei einer Kaffeerunde im Wohnzimmer meiner Mutter saß, sah ich etwas, was mich an Reinkarnation erinnerte. Ein Habicht flog direkt vor unserem Wohnzimmerfenster und schlug eine Taube, setzte sich auf die Erde neben Vaters Schuppen und hielt mit seinen Krallen die Beute fest. Er schaute mich entschlossen an, als wenn er sagen wollte: Ich habe dich gestern verstanden, sei stark und entscheide dich, trage ein Risiko, um frei zu sein. Die anderen Gäste konnten diese Situation nicht verstehen, aber ich bin bis heute überzeugt, meinen Vater einen Tag nach seinem Tode als Reinkarnation in der Gestalt eines Habichts wieder getroffen zu haben, der mir etwas mitzuteilen versuchte.

Wir Kinder spielten zu Hause, da der Aufwand zu groß erschien, den gesamten Nachwuchs in den Kindergarten zu bringen und abzuholen. Es spielte eine Rolle, dass der Kindergarten sich stark an der katholischen Kirche orientierte, was meinen Eltern nicht gefiel. Wir beschäftigten uns zu Hause, selbst kleine Spielsachen waren wichtig. Wir spielten stundenlang mit selbstgebastelten Spielgeräten. Eine Ausnahme war preiswertes Plastikspielzeug. Ich bekam ein Flugzeug aus Kunststoff geschenkt, das über eine Halterung am Flugkörper und einen kleinen Katapult in die Luft geschossen werden konnte und probierte im langen Flur der Wohnung das Fliegen des Spielzeugs aus. Überall waren die Türen geschlossen, auch zur Küche. Plötzlich öffnete meine Mutter die Küchentür. Gleichzeitig spannte ich den Katapult am anderen Ende des Flures für das Flugzeug und ließ los. Der Flieger zischte flach über den Flurboden, stieg aber vor der Küchentüre steil nach oben, flog durch die Küche und knallte durch das große Küchenfenster. Wir erschraken, denn wie konnte es sein, dass sich das Plastikspielzeug plötzlich vor der Küche erhob? Später verstand ich das Geschehen. Die warme Luft der Küche sorgte für einen Auftrieb, der genug Energie besaß damit das Spielzeug weiter bis durch das Fenster flog. Der Schreck meiner Mutter wirkte sich aus. Ich erhielt Schläge von ihr auf mein Hinterteil, was meine Mutter selten vornahm.

Die fünfziger Jahre

Der Wiederaufbau nach dem 2. Weltkrieg war in Deutschland in vollem Gange. Der Petticoat hielt Einzug auf der Tanzfläche, der Toast Hawaii wurde in den Ofen geschoben und der Borgward Coupeé in die Garage gefahren. Der Kleinstwagen Goggomobil lief vom Band, auf dem Nierentisch im Wohnzimmer lagen die Bücher von Hemingway und Grass. Im Fernsehen lief die Serie „So weit die Füße tragen" mit großem Erfolg. Eine nicht ganz realistische Flucht eines deutschen Soldaten zu Fuß aus der russischen Kriegsgefangenschaft, die ich mit meinem Vater bei meinem Patenonkel Karl-Heinz verfolgen durfte. Im Kino wurde „African Queen" (mit Humphrey Bogart) und „Vera Cruz" (mit Burt Lancaster) präsentiert, während im Hitchcock-Film „Das Fenster zum Hof" geraten werden durfte, ob der Nachbar seine Zimmernachbarin umgebracht hatte oder nicht. Der Film „Der Untertan", nach einem Roman von Heinrich Mann, wurde nach einer Erstausstrahlung 1954 in der DDR verboten und in einer Gesamtversion erst 1971 wieder in Westdeutschland gezeigt. Der Film eröffnet eine Kehrtwende hin zu einem kritischen Film über ein gedankenloses Obrigkeitsdenken eines falsch verstandenen Preußentums.

Ludwig Erhard war der zweite Bundeskanzler der Bundesrepublik Deutschland. Er galt als ein Wirtschaftskanzler, der die deutsche Wirt-

schaft in Schwung brachte, aber der auch Kritik an seiner Politik aushalten musste. Der Appell „Maß halten" verhallte angesichts seiner eigenen Körperfülle und verlor an Glaubwürdigkeit.

In der Musikszene faszinierte das Jahrhunderttalent in der E-Musik, Maria Callas. Private Probleme hielten sie nicht von grandiosen Auftritten in ihrem Genre ab. Sie zählt bis heute zu den bedeutendsten Sopranistinnen. Johnny Cash, Frank Sinatra und Elvis Presley traten auf die Bühne und starteten ihre Karrieren.

Das sportliche Highlight aus deutscher Sicht war der Gewinn der Fußballweltmeisterschaft 1954 in Bern. Der damalige unerwartete sportliche Erfolg holte eine verunsicherte und fragende Nation wieder zurück auf den Boden einer selbstbewusster denkenden und empathiefähigen Gesellschaft. Dieser Tag des sportlichen Erfolges 1954 einer im Vergleich zu heute bescheiden wirkenden Mannschaft gilt als der eigentliche erste Geburtstag der Bundesrepublik Deutschland. Die Konzentration auf eine wirtschaftlich schnell wachsende Entwicklung wurde erleichtert. Eigene Verantwortlichkeiten in Kriegstagen verblassten angesichts des sportlichen Erfolgs.

Wer spät aus der Gefangenschaft entlassen wurde, musste sich neu in einer Familie anpassen. Die Normalität des Alltags wieder zu lernen fiel manchem ehemaligen Soldaten schwer, besonders wenn die eigene Ehefrau einen neuen Lebenspartner gefunden hatte.

Auch bei Veranstaltungen war ein Wandel im Verhalten der Besucher und Gäste spürbar. Herrschte bis in die siebziger Jahre hinein eine eher gedämpfte Stimmung in einem Festsaal, änderte sich die Gefühlslage in den Achtziger Jahren. Freude und ein unbeschwertes Feiern lösten eine dezente und unbewusst gebremste Freude ab. Bei einem Konzert der Kölner Gruppe „Bläck Fööss" in der Köln Arena zu Silvester im Jahr 2000 sangen 15 000 Menschen im Chor sich die Seele aus dem Leib – undenkbar in den Fünfzigern und sechziger Jahren.

Die Kiesgrube

In Heusenstamm existierte eine Firma, die im Osten der Stadt, nahe Obertshausen, Abgrabungen organisierte, mit dem Ergebnis, dass in größeren Kiesgruben nach der Nutzung des Kieses das Grundwasser die Oberhand gewann. Im Sommer war er ein idealer Ort zu schwimmen, was nicht erlaubt war, aber eine Nutzung als Badesee wurde geduldet. Leider fehlte eine städtische Aufsicht und Pflege, die man leicht hätte integrieren können. Genau das aber geschah nicht.

Am See tummelten sich an warmen Tagen einige hundert Menschen, die ihr „kleines Geschäft" im See oder im naheliegenden Wald verrichteten. Als Kinder störten uns die Verhältnisse wenig, wir gingen mit Freude zum Sandstrand, spielten mit dem Ball und gingen ins Wasser, das am Morgen noch klar war. In den Ferien verbrachten wir einige glückliche Tage in der Kiesgrube, in der ab und zu nachts betrunkene amerikanische Soldaten auftauchten. Die Kiesgrube bekam dadurch und aufgrund der fehlenden sanitären Anlagen ein etwas zweifelhaftes Image, aber ohne sichtbare Folgen für das Gelände.

Auch während des Badebetriebes holte sich die Natur ihr Recht. Am gegenüberliegenden Ufer des Sees brüteten seltene Wasservögel, die von einem Naturschützer beobachtet wurden. Im Laufe der Jahre erhielten die schutzwürdigen Tiere Zuwachs, so dass eines Tages die Kiesgrube für eine Badenutzung geschlossen wurde, um die Vogelwelt und die Natur zu schützen. Als Kinder verstanden wir die Maßnahme nicht. Heute stellt das gesamte Gelände „See am Goldberg" ein Naturschutzgebiet von nationaler Bedeutung dar.

Rainer

Mit 4 Jahren lernte ich den Nachbarsjungen Rainer kennen. Er zog von München nach Heusenstamm. Sein Vater suchte einen Spielkameraden für seinen Sohn. Er sprach meine Mutter an und wir fanden Kontakt. Auf Nachbars Grundstück, wo Rainer wohnte, befanden sich anfänglich Sandhaufen, ein idealer Spielplatz für Kinder. Hier tollten wir herum, bis Rainers Vater ein Machtwort sprach und den Spielplatz verbot. Er war Betriebswirt und baute in Heusenstamm eine Filiale eines Versandhauses auf. Sie wohnten im 1. Stock in einem Wohnhaus gegenüber der Firma in einer großen und komfortablen Wohnung, die besonders ich häufiger besuchte. Rainer und ich spielten zusammen, wir bauten Sandburgen, kämpften wie „Ivanhoe" im großen Garten des Hauses und spielten Verstecken. Doris ging zu Rainers Vater, um im Wohnzimmer Teppiche zu kämmen und wurde deswegen „Fransenmädchen" genannt. Sie bekam für ihre Dienste immer etwas geschenkt und war stolz einen solchen Spitznamen zu tragen. In Rainers Wohnung stand das einzige Fernsehgerät der Nachbarschaft. Als die Fernsehsendungen „Fury" oder „Isar 12" liefen, versammelten sich alle Jungs der Nachbarschaft um den Fernseher und schauten gebannt zu.

Rainer zog mit seinem Vater alleine nach Heusenstamm, ohne seine Mutter. Der Vater engagierte eine Haushälterin, die im gleichen Haus unter dem Dach eine kleine Wohnung mietete. Sie war sehr aktiv und freundlich und veranstaltete Bastelnachmittage für interessierte Nachbarskinder, Wettbewerbe und ein kleines Theaterstück, das im Wohnzimmer von Rainers Wohnung uraufgeführt wurde. Alle Eltern der beteiligten Kinder der Vorstellung waren eingeladen und kamen zu Besuch. Die Kinder übten vor der Aufführung unter der Aufsicht von Rainers Kinderfrau zu Hause wochenlang, bis zur Uraufführung. Es gelang uns das Stück fast ohne Fehler zu spielen, und wir genossen stolz den Beifall der Eltern.

Rainer galt als ein intelligenter Junge und wurde von seinem Vater verwöhnt. Die neuesten Spielsachen und später Bücher waren bei ihm zu finden. Meine Geschwister und ich profitierten davon, wenn wir bei Rainer spielten.

Fernsehnachmittag bei Rainer (liegend in der Mitte) mit seinen Freunden, 1963

Auch erhielten wir feine Geschenke von seinem Vater zu bestimmten Feiertagen, z. B. eine Spielesammlung, die wir in der Familie eifrig nutzten. Meine Eltern bestellten über einen Katalog Waren und Dinge des Haushalts über das Versandhaus, das Rainers Vater leitete. Wir freuten uns, wenn die Sachen geliefert wurden und passten, selten mussten wir etwas zurückschicken oder tauschen. Als guter Kunde und Freund erhielten wir einen Rabatt. Viele Jahre sind wir zuverlässig über Rainers Vater und das Versandhaus versorgt worden.

Der Vater ging mehreren Hobbys nach, eines war die Jagd und alles, was dazu gehörte. Er hatte Kontakt zur Schutzgemeinschaft Deutscher Wald und deren Jugendorganisation, die über „Waldläufer Briefe" Jugendliche und Kinder suchte. Rainer und ich sowie einige Freunde erhielten 1961 Waldläuferpässe. Wir waren stolz darauf und trugen dort unsere Erlebnisse im Wald ein und unterstützten einige Jäger beim Wildbeobachten, bauten Nistkästen für Vögel, Hochstände und bereiteten Ausstellungen zum Umweltschutz vor. In Heusenstamm stellten wir Pioniere dar, die Informationen zur Jagd und zum Umweltschutz dokumentierten. In regelmäßigen Abständen fuhren wir an Wochenenden in den Odenwald zur Wildbeobachtung, die für Jäger wichtig waren. Rainers Vater beteiligte sich an der Pacht für ein großes Areal

Waldfläche. Dort gab es eine Jagdhütte, deren Grundstück uns Waldläufer beherbergte, wenn wir im Sommer ein Quartier und einen Platz benötigten, auf dem wir unsere Zelte aufbauen konnten.

Für das Jagdrevier im Odenwald sammelten wir Waldläufer Eicheln und Kastanien, die besonders gerne von Wildschweinen der freien Wildbahn gefressen wurden. Mit Eifer und Fleiß kamen einige Säcke der Waldfrüchte zusammen, die wir Rainers Vater übergaben, der sie im Odenwald als Futter auslegte. Mit großem Erfolg: Die bisher nur durchziehenden Wildschweine wurden sesshaft und blieben dem Revier treu.

Auf einer Beobachtungstour saß ich mit Rainers Vater gemeinsam auf einem Hochsitz. Es gab leider wenig Wild zu sehen, nur sehr spät beobachteten wir einen Hasen, der am Waldrand unbesorgt umherlief. Noch nie war ich bei einem gezielten Schuss auf ein Tier in freier Wildbahn dabei gewesen. Rainers Vater fragte mich, ob er den Hasen erlegen solle. Ich bejahte und sehr schnell zielte er und traf den Hasen trotz der Dämmerung. Wir gingen in Richtung der Beute, fanden sie, und ich war überrascht, dass Rainers Vater mit dem erlegten Hasen sprach, ihn berührte und mit Respekt behandelte. Vielleicht wollte er ihn gar nicht erlegen, aber er tat es, um mir einen Gefallen zu tun. Ich sah das tote Tier, und der Hase tat mir leid. Ich nahm mir vor als erwachsener Jäger nie auf einen Hasen zu schießen. Bis heute ist ein Hase in freier Wildbahn mein Lieblingstier.

Neben der Wildbeobachtung als Waldläufer ergab sich eine Chance nach Offenbach ins Schwimmbad zu fahren, um schwimmen zu lernen. Der Sohn des Hausmeisters der Firma bot sich an, uns nach Offenbach ins Hallenschwimmbad zu bringen, was wir annahmen. Rainer lernte zuerst Schwimmen, mein Bruder und ich nahmen am Schwimmunterricht nicht teil, lernten aber durch das Zusehen. Ich konnte zunächst gut unter Wasser tauchen; erst später lernte ich zu schwimmen.

Rainer und ich waren befreundet, Wolfgang und Doris auch, aber nicht intensiv. Einige Wochenenden verbrachten wir bei Rainer zu Hause und spielten intensiv mit den Spielsachen, die der Vater für seinen Sohn neu kaufte. In der Schulzeit las Rainer Bücher, die ich nur betrachtete, meist nicht las, was bei mir eine Lese- und Schreibschwäche offenbarte, die erst in meiner Pubertät behoben wurde. Rainer war offen und freundlich, konnte aber auch launisch sein. Dann spielte er sich in den Vordergrund und demonstrierte seine Stärke durch den Anspruch beim Spielen der Erste sein zu wollen. Schließlich waren es ja seine Spielsachen. Dieses Verhalten zeigte sich im Laufe der Jahre deutlich und führte dazu, dass wir uns einige Zeit nicht mehr trafen. Erst nachdem seine Stiefmutter – Rainers Vater heiratete ein zweites Mal - bei uns zu Hause war und mit meiner Mutter sprach, fanden wieder freundschaftliche Kontakte zwischen Rainer und mir statt. In der Zeit, in der ich Rainer nicht sah, baute ich kleinere Modellflugzeuge und einen Flugplatz, was mir gut gelungen war und wofür ich Lob einstecken konnte.

Gargellen

Vielleicht um die Freundschaft zwischen Rainer und mir zu vertiefen, fragte mich Rainers Vater im Sommer Mitte der sechziger Jahre, ob ich mit ihnen in den Urlaub nach Österreich fahren würde. Ich sei herzlich eingeladen. Meine Eltern zeigten sich zögerlich, aber sie erlaubten mir mitzufahren. Ich kaufte noch Bergschuhe, die zu billig waren, um qualitativ gut zu sein und einige Kleidung. Es konnte losgehen. Aber der Zufall sandte noch eine Prüfung für mich: Am Tag vor der Abfahrt nach Österreich saß ich zu Hause und dachte an den bevorstehenden Urlaub. Meine Mutter war einkaufen und hatte ihren Schirm vergessen. Sie musste auf dem Rückweg nach Hause sein, als es zu regnen begann. Ich dachte an ihren vergessenen Schirm, nahm ihn zur Hand und rannte im Regen los, meiner Mutter entgegen. Bald sah ich sie und freute mich schon, sie erlösen zu können, als ich einen starken Schmerz im linken Fuß spürte. Es war die Zeit, als in unserer Nachbarschaft zwei Hochhäuser gebaut wurden und noch überall Bauschutt herum lag. In ihm waren auch Eisenstangen verborgen, die ich bei meinem Lauf zu meiner Mutter nicht sah und die mir ein Loch in meinen linken Fuß schlugen. Meine Mutter freute sich über den Schirm, den ich noch rechtzeitig übergab, aber mein Fuß bereitete mir große Schmerzen. Zu Hause angekommen kümmerten wir uns um meine Verletzung, die stark blutete. Ich musste zum Arzt und unter Tränen fragte ich ihn, ob ich am nächsten Tag in Urlaub fahren könnte. Nachdem mein Fuß verbunden war, stimmte der Arzt der Urlaubsfahrt zu, wenn ich pfleglich mit dem verletzten Bein umgehen würde.

Am nächsten Morgen packten wir alles Reisegepäck in einen Dienstwagen von Rainers Vater und fuhren los. Ich litt unter einem Handicap, war aber glücklich. Das Ziel war Gargellen, ein kleinerer Ort Vorarlbergs in Österreich. Wir befuhren Landes- und Bundesstraßen und es wurde klar, dass wir zwei Tage Zeit für die Fahrt einplanen mussten. Rainers Vater war humorvoll. Die Fahrt war lang, aber wir hatten Spaß und die Zeit verflog schnell bis wir abends zu einem Hotel in Süddeutschland gelangten. Am nächsten Tag trafen wir in Gargellen ein. Der Ort war nicht überlaufen, ruhig, mit einem kleinen Freibad, das wir trotz meiner Wunde öfters besuchten. Wir gingen wandern, was ich erst erlernte und tranken an Gasthöfen frische Milch mit Sahnestücken, die in der Milch schwammen, was ich nicht mochte. Im Hotel wieder angekommen mussten Rainer und ich uns nach der Wanderung erst waschen und umziehen bevor es etwas „Skiwasser" (mit Wasser verdünnter Himbeersirup) zu trinken gab, das wir beide hastig tranken. Wir unternahmen Ausflüge, schossen Fotos und schrieben ein Tagebuch. Die Bergwelt fand ich wunderschön. Besonders freute ich mich an den klaren Gebirgsbächen entlang zu gehen, oder sie zu überqueren. Mein Fuß heilte schnell und ich dachte nicht mehr an den Unfall. Wir erfüllten jeden Tag, was wir uns vornahmen. Nach 14 Tagen fuhren wir wieder nach

Hause zurück. Ich stellte mir vor, wieder in die Berge zu fahren, aber der Druck, im Norden den Urlaub zu verbringen, war stärker. Den Ort Gargellen in Vorarlberg habe ich nicht wieder besucht.

Es gab eine Zeit, in der Rainer andere Freunde suchte. Ein Nachbarsjunge war sehr aktiv, schlagfertig und sportlich. Rainer befreundete sich mit ihm. Ich war nicht dabei, wenn er sich einen Taucheranzug leistete und mit seinem neuen Freund zu einer Kiesgrube fuhr, um zu tauchen. Ich lernte andere Schulfreunde näher kennen, die dafür sorgten, Rainer weniger zu sehen.

Umzüge

Auf Dauer war allein das Schlafzimmer meiner Eltern zu klein. Wir Kinder brauchten ein eigenes Zimmer. Den Ofen in der Küche zu bedienen war sehr mühsam und wir froren im Winter. Einmal in der Woche zu baden war eine große Freude, aber das war zu wenig. Meine Eltern bemühten sich jahrelang um eine größere Wohnung, die wir in den neuen Hochhäusern am Offenbacher Waldes Rand fanden. Es war eine 3-Zimmer Wohnung mit einer Zentralheizung, einem kleinen Bad mit Badewanne und einem Balkon. Im Keller standen für den Hausgebrauch mehrere Waschmaschinen zur Verfügung. Im Vergleich zur alten Wohnung bedeutete der Wohnungswechsel im Komfort einen Klassenunterschied. Wir zogen im Sommer 1961 um. Für mich war alles fremd, wir Kinder lebten in einem Zimmer. Wolfgang und ich schliefen in einem Etagenbett, Doris erhielt ein Klappbett, so dass im Zimmer immer noch Platz für einen Schreibtisch für zwei Benutzer war. Ich fühlte mich unwohl und brauchte eine Zeit, um die menschliche Nähe und die Vertrautheit wieder zu erlangen, die in der alten Wohnung ausgeprägt waren. In dem Jahr des Umzugs kaufte mein Vater einen Schwarz-Weiß-Fernseher, den wir besonders am Anfang nutzten. Alle Serien und Krimis, die zu einer üblichen Zeit liefen, wurden angesehen. Wolfgang und ich interessierten uns besonders für die Sportschau und verpassten das

Spielen im Wald, was wir Jahre später nachholten. Der Nachteil der Wohnung war die dunkle Küche meiner Mutter. Sie litt unter der Nordlage des Raumes und sah die Sonne wenig.

Drei Kinder in einem kleineren Zimmer war keine Ideallösung. Meine Eltern sahen sich nach einer größeren Wohnung um und hatten Glück. Im Acht-Stock-Hochhaus wurde eine 4-Zimmer-Wohnung im 4. Stocks frei, um die wir uns bewarben und für die wir den Zuschlag erhielten. Margot war glücklich morgens in der Küche die Sonne zu spüren, Doris und ich hatten ein eigenes Zimmer, da Wolfgang zur Bundeswehr eingezogen wurde und anschließend in Gießen studierte. Bei seinem Besuch zu Hause bot sich eine Schlafgelegenheit im Wohnzimmer auf einem neuen Klappsofa für zwei Personen an. Mein Bruder musste 18 Jahre alt werden bevor wir eine normal große Wohnung für eine Familie mit drei Kindern mieten konnten.

Wolfgang, 18 Jahre alt, 1969   *Doris, 18 Jahre alt, 1974*

Sport und Schule

Ich war bereits als Junge von sechs Jahren im Turnverein in Heusenstamm angemeldet und ging sehr freudig zum Sport in die Turnhalle. Mein Bewegungstalent war gut ausgeprägt. Ich führte im Sportunterricht der Schule die Gymnastik vor, wie der Lehrer es sich wünschte. Er schickte mich zum Vorturnen vor die Klasse.

Wolfgang, Doris und ich nahmen an Wettkämpfen, die großen Zulauf hatte. Hier gab es Urkunden und einen Lorbeerkranz aus echten Eichenblättern zu gewinnen, was mir nicht gelang, aber meinem Bruder. Während der Wettkämpfe rief ein Zuschauer: „Los, jetzt geht es um die Wurst!" Später, als die Urkunden an die Sieger verteilt wurden, fragte mein Bruder ganz überrascht: „Wo ist die Wurst?"

Die ganze Familie war sportlich. An Wochenenden packten wir Essen zusammen, ein Federballspiel und einen Ball und gingen in die Natur, in der wir alleine waren. Wir spielten Fuß- und Federball und gönnten uns den Kuchen meiner Mutter in den Pausen. Schon als wir Kleinkinder waren zog es uns sonntags zum Picknick in den Wald. Dort schoss mein Vater ein Foto von uns Kindern, das heute noch bei meiner Mutter im Seniorenheim auf ihrem Nachttisch steht.

Ich wurde 1961 in Heusenstamm in die Adalbert Stifter - Schule eingeschult und erinnere mich an eine große Schultüte, die mit Süßigkeiten gefüllt war. Wir waren über 30 Schüler in der Klasse und hatten nichts zu lachen, wenn der Lehrer versuchte, sich Gehör zu verschaffen. Ein Lehrer warf einen Schlüsselbund in die Richtung, wo er den Störenfried vermutete, ein anderer Kollege ließ den Schüler an den Lehrerpult treten und drohte mit einem Stock, ihm auf die Finger zu schlagen. Wir Schüler gewöhnten uns an die Methoden der Lehrerschaft, Ordnung zu fordern. Die meisten Eltern beschwerten sich nicht und man ging zur Tagesordnung über. Elternabende gab es selten, erst später im Gymnasium erhielten die Besprechungen mehr Gewicht.

Ich war ein durchschnittlicher Schüler mit einer Begabung im Rechnen, was mir einen positiven Eintrag in einem Halbjahreszeugnis einbrachte. Andererseits war ich schwach in Deutsch. Ich interessierte mich eher für Sport, als für Lesen und Schreiben. Ein Buch zu lesen war mir unangenehm; erst später, als mein Vater mir ein Buch von Maxim Gorki empfahl, lernte ich das Lesen. Entsprechend schwach war ich auch in der Rechtschreibung. In Deutsch-Diktaten schrieb ich eine Ungenügend nach der anderen. Die Tatsache prägte sich stärker aus, als ich nach Offenbach auf das Gymnasium ging. Dort kam ich nicht gut zurecht. Besonders im Fach Deutsch musste ich kämpfen. Es belastete mich außerordentlich, von Mitschülern gehänselt zu werden, wenn ich in einem Deutsch-Diktat jedes zweite Wort falsch schrieb. Rainer, der die gleiche Schule besuchte, hatte keine Probleme mit einem Deutsch- Diktat. Als wir eine Arbeit von der Lehrerin zurück erhielten, gab es das klassische Ergebnis einer „Sechs" für mich und einer „Zwei" für Rainer, was bei Rainers Vater, den wir zufällig nach der Rückgabe der Deutscharbeit zu Hause trafen, zu einem Lob für seinen Sohn und zu Hohn und Spott für mich führte. Ich ging sehr betroffen nach Hause. Mein Vater, dem die Gesamtsituation des Gymnasiums nicht behagte (hier unterrichteten in der Mehrheit ältere Damen, die einen konservativen Erziehungsstil repräsentierten), nahm mich von der Schule. Ich ging wieder in die Volksschule nach Heusenstamm und wurde zu einem der besten Schüler der Klasse.

In meiner Heimatstadt wurde in den sechziger Jahren ein neues Gymnasium errichtet. Eine Förderstufe für bestimmte Fächer sollte gebildet werden, um die Schüler langsam an ein höheres Niveau heran zu führen. Zeitlich viel der Neubau genau in die Zeit, in der ich in der 5. Klasse neu einsteigen konnte. Ich ging in Englisch und Mathematik in die Förderstufe, die bis zur 7. Klasse dauerte. Der Rest der Fächer wurde in einer Klassengemeinschaft unterrichtet. Ich schaffte die 2 Jahre Förderunterricht ganz ordentlich und besuchte die Quarta im neuen Heusenstammer

Adolf Reichwein-Gymnasium. Das Lehrerkollegium wurde für das Gymnasium neu zusammengestellt. Wir erhielten einen neuen Deutsch- und Lateinlehrer, der uns zum Großen Latinum führte. Er war ein Pädagoge und Menschenfreund, der sehr beliebt war und seinen Unterricht hervorragend präsentierte. Er kümmerte sich auch um schwächere Schüler, gab ihnen extra Hausaufgaben auf, die er prüfte. Ich hatte Glück ihn zu treffen. Meine Schreib- und Leseschwäche reduzierte sich innerhalb von 2 Jahren auf ein Normalniveau. Hinzu kam das Kennenlernen meiner ersten Freundin Ulrike, die mich anspornte, besser in der Rechtschreibung zu werden. Ich lernte sie auf einer Klassenfahrt kennen und traf sie bei mehreren Gelegenheiten. Sie gab mir den ersten Kuss. Ich war verliebt „bis über beide Ohren" und genoss die Zeit mit ihr. Bis ich sie auf einer Sportparty wiedersah – mit einem Sprintkameraden des Sportvereins. Sie hatte sich einen anderen Freund angelacht, ohne mit mir darüber zu sprechen und mich damit versetzt. Ich war unfähig irgendetwas dazu zu sagen und ließ alles geschehen. Später auf einer Klassenfahrt sprachen wir uns aus, aber bis dahin wollte ich nichts mehr mit Mädchen zu tun haben.

Durch einen Zufall traf mein Bruder meine erste Liebe Ulrike, die sich in Wolfgang verliebte, was heraus kam, als er sich bei einer Gartenparty mit einem anderen Mädchen amüsierte und Ulrike auch anwesend war und dem Treiben – unter Tränen - meines Bruders zuschaute. Er erfuhr es und traf sie, um sich zu verabschieden, da er sich für eine andere junge Frau aus Finnland entschieden hatte, mit der er seit über vierzig Jahren zusammenlebt und drei Kinder großzog.

Bei einem Schulsportfest in Heusenstamm musste gelaufen, gesprungen und ein Schlagball geworfen werden. Ich war 15 Jahre alt und hatte bei Bundesjugendspielen immer eine Ehrenurkunde gewonnen, wobei das Werfen meine schlechteste Disziplin darstellte. Im Weitsprung hatte ich über 5 m geschafft und die Aufmerksamkeit des Sportlehrers gewonnen. Auch im Laufen strengte ich mich an und wurde bester Sportler der Schule. Ich erhielt eine Urkunde und war stolz darauf. Danach absolvierte ich ein Probetraining in der Abteilung Leichtathletik des Sportvereins meiner Heimatstadt mit Erfolg. Der Abteilungsleiter meldete mich direkt für ein Sportfest an, an dem ich Zweiter im Weitsprung wurde. Das Training absolvierte ich (bis auf eine Fußverletzung) ohne Probleme und blieb einige Jahre in der Abteilung Leichtathletik. Ich entwickelte Talent und nahm im Sommer an einem Sprint Wettbewerb auf Kreisebene teil. Wir starteten im 4 x 100 Meter Staffelwettbewerb. Meine Position war die 2. Teilstrecke, die ich konzentriert lief. Auch meine Sprint Kameraden hielten gegen die Gegner stand. Nach dem letzten Wechsel führten wir knapp. Unser Schlussläufer kämpfte und hielt den Vorsprung bis ins Ziel. Die Überraschung war perfekt, wir wurden Kreismeister und hatten den Favoriten LG Offenbach in einer guten Zeit geschlagen (46,0 Sek.). Das Training, besonders der Wechsel, die alle gut funktionierten, hatte sich gelohnt.

Im Sommer tingelten wir von Sportfest zu Sportfest. Jeder nahm seine Disziplin ernst, und wir hatten manche Erfolg. Einiges ging daneben. Ein Beispiel für eine verpasste Chance, einen Pokal zu gewinnen, war die 4 x 100 Meter Staffel, die auf Kreisebene so erfolgreich war. Auf einer größeren Veranstaltung lief ich wieder auf der zweiten Position, fühlte mich schnell unterwegs und rief das Kommando, wann der nächste Läufer starten muss, zu früh, so dass ich meinen Nachfolger auf der Position drei nicht mehr vor der Wechselmarke erreichen konnte. Den feinen Pokal für den Sieg räumte eine andere Mannschaft ab. Ich hatte den sicher geglaubten Erfolg vertan.

Aber bald war der Misserfolg vergessen. Wir absolvierten sehr eifrig unsere Wettkämpfe und hatten unseren Spaß. Bei den nächsten Vereinsmeisterschaften des Sportvereins wurden die fleißigsten Leichtathleten durch Werbegeschenke Heusenstammer Firmen geehrt. Unter anderen ließ sich Rainers Vater nicht bitten und spendete Dokumentenmappen für die Athleten. Ich wurde auch bedacht. Das Geschenk ist immer noch in meiner Wohnung in einem Schrank aufbewahrt und erfüllt bis heute seinen Zweck.

Der Sport stellte ein Mittel dar mein Selbstbewusstsein zu stärken. Das war nicht gut ausgeprägt, wuchs aber nach Erfolgen bei Sportveranstaltungen und nach Partys, auf denen ich Freunde kennenlernte. Der Sport, das stundenlange Fußball spielen am Nachmittag, die Waldjugend und die Kiesgrube waren interessanter als das Lernen für die Schule. Ich hatte andere Dinge im Kopf als Mathematik und Latein. Ich ließ mich gerne ablenken, meine Hausaufgaben und mehr zu erledigen. Meine Mutter war nicht in der Lage mich strenger zu kontrollieren, mein Vater war froh, wenn er abends seine Zeitung las und seine Ruhe hatte. Er kümmerte sich zwar um meine Hausaufgaben, aber konnte mich nicht motivieren weiter zu lernen. Schließlich musste er sich ebenso um meinen Bruder und meine Schwester kümmern.

Wolfgang kämpfte an einem Offenbacher Gymnasium, Doris ging auf die gleiche Schule wie ich. Mein Bruder erarbeitete sich einen Weg. Er schaffte das Abitur ohne eine Klasse zu wiederholen, was bei mir anders war. Ich verstand teilweise die Mathematik nicht und schwänzte eine Klassenarbeit, die ich nachschreiben musste. Das geschah unter irregulären Bedingungen während einer Mathematikstunde. Ich saß als armer Wicht in einer Klasse, die mit normaler Lautstärke unterrichtet wurde und fand keine Ruhe zu überlegen. Das Ergebnis der Klassenarbeit war entsprechend schlecht. Ich kassierte ein „Mangelhaft" in Mathematik und konnte meine schlechte Englisch Note nicht ausgleichen. Ich wiederholte die Klasse.

Doris lernte fleißig, aber musste auch kämpfen und schaffte den Sprung in die nächsten Klassen und das Abitur.

In der Oberstufe des Gymnasiums in Heusenstamm unterrichtete in meiner Klasse ein Mathematiklehrer, dessen Frau als Lehrerin uns in der Mittelstufe begegnete. Während die Dame einen normalen Unterricht in Mathematik absolvierte, war es bei ihrem Mann anders. Er politisierte im Unterricht und erzählte von Gott und der Welt, um in den verbleibenden 15 Minuten Mathematik zu unterrichten. Verstanden haben wir den Lehrer nicht aber er verlangte in Klassenarbeiten das, was wir gerade in wenigen Minuten besprachen. Das Ergebnis war, jede zweite Klassenarbeit musste wegen zu vielen Arbeiten unter dem Schnitt wiederholt werden, oder es wurde der Klassendurchschnitt so gedrückt, dass genau eine Wiederholung der Klassenarbeit vermieden wurde. Damit kam ich nicht zurecht und musste die Klasse wiederholen, da ich (wieder) mein schwächstes Fach Englisch nicht ausgleichen konnte. Leider traf ich in der nächsten Klasse erneut in Mathematik und Physik auf den selben Lehrer und kämpfte mich zum Abitur, das ich in Mathematik nicht bestand. Ich schaffte aber den Abschluss, da ich in Physik eine gute Arbeit schrieb und die Fünf in Mathe ausgleichen konnte (in Englisch stand ich ausreichend). Später erfuhr ich, wie es meinem „Peiniger" in der Schule ergangen war. Eltern beschwerten sich über die Art und Weise des Unterrichts in Mathematik. Der verbeamtete Lehrer wurde von der Schule verwiesen. Er darf nicht mehr in einem Gymnasium unterrichten.

Simon

Unserer ersten Wohnung in Heusenstamm gegenüber befand sich eine größere Gärtnerei, die alles Gemüse dieser Region und verschiedenste Blumen gedeihen ließe. Die Besitzer waren sehr freundlich und unterhielten sich gerne mit unserer Familie. Meine Eltern vertrauten ihnen, was dazu führte uns Kinder für einen Vormittag zur Betreuung bei ihnen zu Hause abzugeben, wenn es notwendig wurde. Es traf mich, als ich eine Bänderdehnung an meinem rechten Fuß auskurierte. Das geschah, als mein Vater mich mit dem Fahrrad mitnahm und mein Fuß in die Speichen des Vorderrads geriet.

Ich saß bei der Gärtnerfamilie im Wohn-, Ess- und Schlafraum und nahm an deren Leben teil. Die Mutter kochte ein Essen, der Vater rasierte sich seinen Bart, und die ganze Zeit unterhielten wir uns. Zum Spielen erhielt ich einen großen roten Plastikfisch und freute mich königlich darüber. Er gehörte der Tochter Marlies des Hauses. Die Zeit verging wie im Flug. Ich sah Dinge, die für mich neu vorkamen und beobachtete wie eine mit wenig Bier gefüllte Flasche vor der Haustüre viele Bienen anzog und die Flasche fast ganz mit ihnen gefüllt war. Es dauerte nicht lange bis meine Mutter mich wieder nach Hause abholte.

Der Gärtner Simon war ein echter Fußballfan des Heimatvereins TSV Heusenstamm, der ordentlich Fußball spielte und bis in die Landesliga aufstieg. Die Heimspiele am Sonntagnachmittag waren gut besucht, die Zuschauer gingen in Viererreihen nach Hause, links an der Gärtnerei vorbei. Da Simon nicht immer Zeit für die Heimspiele aufbrachte, riefen die Zuschauer des vergangenen Spiels im Vorrübergehen beim Nachhauseweg im breiten Hessisch: „Simon, mir habbe gewonne", und er erledigte mit noch mehr Spaß seine Aufgaben im Garten.

Der sehr schöne Garten wurde nach Jahren leider eingeebnet und auf der gleichen Fläche in den siebziger Jahren ein Hochhaus errichtet. Bis heute dokumentiert das Haus ein Beispiel einer in dieser Zeit verfehlten Baupolitik in Heusenstamm. Simon erhielt eine Arbeit bei der Stadt als Gärtner. Ab und zu sah man ihn und sein Moped durch die Straßen fahren. Er verstarb in den 70er Jahren. Jahre später bei einem Spaziergang durch den Offenbacher Buchenwald trafen wir seine Frau. Nach dem wir sie begrüßt hatten unterhielten wir uns. Danach setzte sie ihre Suche im Wald nach den kleinen und essbaren Bucheckern fort und ließ uns nachdenklich zurück.

Urlaub in Otterndorf

Otterndorf verblieb zu Hause immer im Gedächtnis, auch wenn wir bei den Großeltern keinen Urlaub verbrachten. In Heusenstamm bestimmte der Alltag, in Otterndorf die Freizeit, ohne arbeiten und kochen, ohne Schule, aber auch ohne Freunde die Zeit. Als Kind wurde ich von unserem Hausarzt sechs Wochen nach Otterndorf zur Erholung geschickt, um meine empfindlichen Bronchien zu heilen. Ich fuhr alleine mit dem Zug zu meinen Großeltern, mein Vater holte mich damals wieder ab. Ich hatte das Glück, dass im Norden ein Onkel (der einzige Bruder meiner Mutter, Onkel Horst) mich betreuen konnte. Wir fuhren mit dem Fahrrad an den Deich, der noch kaum touristisch entwickelt war und keine Infrastruktur besaß. Vor dem Deich liefen die Kühe. Die Disteln wuchsen frei und ungebremst. Mein Onkel legte sich in das Gras und war nicht mehr zu sehen, während ich auf Entdeckungsreise ging, im Watt Muscheln suchte und die Schiffe beobachtete, die auf der Elbe nach Hamburg fuhren. Am Abend gingen wir in der Marktstraße in Otterndorf spazieren, die Schwalben sangen verspielt ihr Lied und wir kauften ein Eis. Ich fühlte mich wohl in diesen Tagen der Betreuung und der Pflege meiner Großeltern und meines Onkels. Wieder zurück in Heusenstamm ging es meiner Lunge und den Bronchien deutlich besser, was uns aber nicht abhielt bei nächster Gelegenheit im Sommer wieder zu den Großeltern nach Otterndorf in Urlaub zu fahren.

Wir fuhren nicht jeden Sommer in den Norden, aber jedes zweite - oder dritte Jahr und kamen bei den Großeltern unter. Vater zahlte Oma ein Haushaltsgeld und jeder hatte einen Schlafplatz. Es war Normalität, dass mein Bruder und ich auf Luftmatratzen vor dem Ehebett der Großeltern schliefen, die Eltern und Doris in einem neuen Zimmer, das Opa renovieren ließ und einen WC-Anschluss besaß. Obwohl das WC in Ordnung war, gingen wir auf das „Plumpsklo" in die Scheune. Es störte uns nicht sonderlich. Wir gewöhnten uns an die Situation.

Opa besaß einen schmalen Streifen Garten, der sich bis zum „Norderwall" hinzog, dessen Bäume und Allee durch einen parallel laufenden Graben begleitet wurde, der – je nach Windrichtung – nicht besonders gut roch. Heute existiert die Allee weiterhin, aber ohne den schlecht riechenden Graben, der saniert wurde (ich sah in diesem Jahr einen Angler, der sich nach Feierabend auf sein Hobby freute). Der Garten von Opa wurde gepflegt. Wir Enkel durften den Rasen des Gartens mit einem Handrasenmäher mähen und tollten auf ihm umher, wenn es nicht regnete. Es gab Ferienzeiten, in denen es fast jeden Tag regnete, was uns aber nicht abhielt an den Deich zu fahren oder nach Cuxhaven, um die „Alte Liebe" zu besuchen. Unterbrochen wurde unsere Aktivität durch feste Termine, die Opa vorgab. Er erwartete uns zum Mittagessen um 12:00 Uhr und zur Kaffeezeit gegen 15:30 Uhr. Meistens hielten wir uns an die Vorgaben und fühlten uns eingeschränkt, was aber nicht als bedeutsam betrachtet wurde.

Dietmar im Otterndorfer Watt, 1959

Am Deich gab es zunächst nicht einmal einen Steg vom Grünland ins Watt. Erst Anfang der sechziger Jahre fing die Stadt Otterndorf an eine bescheidene Infrastruktur am Wasser zu entwickeln. Zunächst wurden ein Steg gebaut, der Rasen direkt am Wasser gemäht, die Kühe und die Disteln entfernt, eine Fußwaschanlage installiert und später Strandkörbe zur Vermietung angeboten. Die Gemeinde erhielt einen Zuschuss der Europäischen Union und investierte die Gelder in einen Ferienpark, der heute national bekannt ist. Angefangen von einem Seepark vor dem Deich mit einem Badesee und großen Campingplatz, Ferienhäusern, einem Spielplatz und einer Spielhalle mit einer Minigolfanlage, bis zu Duschen direkt am Wasser der Elbe, einigen Stegen, großen Strandkörben, Sandaufschüttungen und Restaurationen ausgestattet. Die Gelder der EU wurden richtig eingesetzt, damit die Gemeinde zu einem Erholungsort reifen konnte, der weitgehend von Touristen leben kann. Heute ist der Pflegeaufwand der Erholungsanlage hoch. Das ganze Jahr wird am Deich gearbeitet und instandgesetzt. Es gibt keinen Vergleich zu den fünfziger und sechziger Jahren, in denen keine Infrastruktur entwickelt war.

Der Ort Otterndorf selbst hielt nicht mit, wie die Ferienanlage am Deich. Der Verkehr nach Hamburg und Cuxhaven wuchs immer schneller und ungebremst. Von einer Umgehungsstraße durch den Ort wurde immer gesprochen, aber vierzig Jahre tat sich in diesem Punkt wenig. Die kleinen Geschäfte an der Hauptstraße stellten sich gegen eine Umgehungsstraße, da sie befürchteten, es würde niemand mehr in ihrem Geschäft Waren kaufen. Bis heute konnte das Argument der Geschäftsleute vernommen werden, ungeachtet der Immissionen des LKW Verkehrs. Bis zur Sanierung der Innenstadt vor einem Jahr fuhren schwere Lastkraftwagen in einem Meter Abstand an einem Café vorbei und erschreckten die Gäste. Nach Jahrzehnten entschied die Stadt Otterndorf den Innenstadtbereich zu sanieren und eine Umgehungsstraße zu bauen – mit großem Erfolg. Das originale Kopfsteinpflaster der Straßen des Innenbereichs des Ortes blieb erhalten, die Bürgersteige wurden eingeebnet, Bäume angepflanzt und Parkplätze errichtet. Gleichzeitig baute die Stadt eine Straße um den Ort. Otterndorf ist zum Kleinod an der Elbe geworden. Es dürfen keine Lastkraftwagen mehr durch die Stadt fahren, in der auch die

Höchstgeschwindigkeit reduziert wurde. Die Geschäfte der Gemeinde werden angenommen, die einheimische Bevölkerung und die Touristen können deutlich entspannter als früher im Ort einkaufen und flanieren gehen. Was im Bundesgebiet hundertfach funktioniert, gilt auch für Otterndorf. Da in weitere Infrastrukturmaßnahmen investiert wurde, ist die Stadt heute eine der beliebteste Gemeinden in Niedersachsen und die alleinige ländliche Gemeinde des Bundeslandes mit einem Bevölkerungswachstum.

Oft waren wir in den sechziger Jahren alleine am Deich und gingen Wattlaufen. Wir kannten die Stellen im Watt, wo fester oder modriger Boden ausgeprägt war, auch sahen wir Muschelbänke in Blickrichtung der Medem-Mündung in die Elbe, die sich im Laufe der Jahre verlagerten oder verschwanden. Wir gingen in Unterhosen im Watt spazieren und trieben Sport, niemand störte die Ruhe und Beschaulichkeit. Die reine, jodhaltige Luft, der Wind, die Wolken und die sanften Wellen der Elbe und die Schiffe faszinierten uns jedes Mal in Otterndorf. Ich bin überzeugt, dass wir mit die ersten Touristen in Otterndorf waren.

Führerschein

Vater kaufte sich 1967 einen VW Käfer mit 34 PS und war stolz auf seine Errungenschaft. Der Wagen wurde jeden Samstag gewaschen. Wolfgang und ich halfen meinem Vater die Wassereimer zu tragen und das Auto abzuledern. Ab und zu fuhren wir samstags nach Offenbach, das am Anfang der Stadt einen Parkplatz zum Autowaschen an einem Bachlauf zur Verfügung stellte. Mit dem Auto holte mein Vater einmal die Woche meine Mutter vom Einkaufen ab, fuhr nach Frankfurt zur Arbeit und wir am Sonntagvormittag zum Spazierengehen in den Odenwald.

Meine Mutter Margot und Dietmar auf einer Hafenrundfahrt in Cuxhaven, 1968

Das Auto bewegte mein Vater fast jeden Tag, es bewährte sich. Er hörte von einer preiswerten Möglichkeit, einen Fahrunterricht für seinen PKW anzubieten. Voraussetzung hierfür war als Beifahrer das Erreichen der Handbremse und ein zweiter Innenspiegel im Auto sowie unfallfreies Fahren. Auch musste über die Fahrtstrecke Buch geführt werden und jedes Fahrmanöver genau beschrieben sein. Wolfgang und ich nutzten den Vorteil. Ein bis zwei Fahrstunden in einer Fahrschule waren erforderlich, um zu beurteilen, ob der Kandidat für eine Prüfung zugelassen werden konnte. Aber das war kein Problem, eher dass ein Vater seinem 17-jährigen Sohn mit eisernem Willen die Geheimnisse des Autofahrens vermittelte. Manchmal stritten wir uns; es gab Tage, in denen wir Kandidaten auf einer Übungstour aus dem Auto stiegen und Vater alleine nach Hause fuhr. Aber wir alle hielten durch, Vater gelobte Fairness, und wir legten erfolgreich die Führerscheinprüfung ab.

In den Sechzigern

Die sechziger Jahre waren gekennzeichnet durch gesellschaftspolitische Umbrüche, die eine Änderung im Zusammenleben in der Familie und in der Gesellschaft hervorrufen konnten. Es geschah der erste Raumflug (1961), die Berliner Mauer wurde gebaut (1961) und wir durchlebten die Kubakrise am Rande eines 3. Weltkrieges. Die Elbe-Flut in Hamburg brach herein (1962), der von Amerika entflammte Vietnamkrieg kostete viele Menschenleben (1964), die Kulturrevolution in China sorgte für eine radikale gesellschaftliche Veränderung (1966), der Prager Frühling überraschte die Menschen in Ost und West (1968), die erste Mondlandung mit Apollo 11 organisierte sich (1969) und ein legendäres Musikfestival ereignete sich in Woodstock (1969). Es war ein Jahrzehnt der häufig wechselnden gesellschaftspolitisch bestimmenden Geschehnisse und Entwicklungen, die bis heute anhalten und das Leben mit beeinflussten. Hierunter fällt auch eine erhöhte Toleranz und Mobilität. „Unter den Talaren steckt der Muff von 1000 Jahren" war ein Slogan der Studentenbewegung und Proteste Ende der sechziger Jahre. Benno Ohnesorg wurde bei einer Demonstration gegen den Besuch des Schahs erschossen. Rudi Dutschke war ein Studentenführer mit scharfer Zunge und rhetorischer Begabung, die seines gleichen suchte. Jahre später, nach gewaltfreier Agitation im Hörsaal und unendlichen Diskussionen und Happenings, verstarb auch er an Nebenwirkungen einer Schussverletzung.

Kulturgeschichtlich setzten sich die Veränderungen in der Gesellschaft fort. Die Hippie-Zeit und die sexuelle Revolution verbreiteten sich weltweit von Amerika aus; es wurden Miniröcke getragen und öffentlich Marihuana geraucht, die Trabantenstadt aus dem Boden gestampft und sich für den Pazifismus eingesetzt. Es galt viele Tabus zu brechen, die freie Rede und Religionsfreiheit zu organisieren, die auch ein Potential für Sekten schuf. Die Wohnkommune wurde ins Leben gerufen mit der „freien Liebe" als Geschäftsmodell und einem Leben in den Tag hinein. Im Fernsehen lief viele Jahre „Einer wird gewinnen", eine Sendung mit konservativem Charme des Moderators Hans Joachim Kulenkampff und dem Butler Martin. Es war die Zeit der gesellschaftspolitisch kritischen Filme, wie „Easy Rider", „2001 im Weltraum" und „Spartacus". Der Film „In der Hitze der Nacht" zeigte einen Rassenkonflikt in Amerika, verpackt in einem Kriminalfilm von hoher Qualität und gewann einen Oskar.

In der Musik wurden die Beatles und Rolling Stones gegründet. Die Rolling Stones sind bis heute auf Tour und präsentieren ihre Ohrwürmer. Die „Kinks", der „Psychedelic Rock" und Jimmy Hendrix als genialer Gitarrenvirtuose wirbelten auf der Bühne, die manchem jungen aufgehenden Stern zum Verhängnis wurde (Janis Joplin und Jimi Hendrix wurden keine 30 Jahre alt). Jonny Cash sang melancholisch „I walk the line", die Gruppe „Cream" spielte Rockmusik von einem anderen Stern und das Gesangsduo „Simon and Garfunkel" baute auf den Song „Bridge over Troubled water", der ähnlich wie ein Gospelchor in einer Sonntagsmesse Nordamerikas am Ende der sechziger Jahre klang.

Olga

Meine Mutter tanzte gerne, mein Vater war kein Tanzliebhaber. Beide aber achteten darauf, dass ihre Kinder einen Tanzunterricht erhielten. Doris und Wolfgang durchliefen den Grundkurs in den Standardtänzen, mit einem Abschlussball, Tanzpartnern und feinen Kleidern. Ich kümmerte mich um die Schule und den Sport, vernachlässigte eine Tanzschule, bis ich angehalten wurde, doch mein Glück in einem Tanzstudio zu versuchen. Die Tanzschule befand sich im benachbarten Offenbach. Einige Klassenkameraden teilten mit mir das Schicksal das ABC eines Kavaliers zu erlernen. In unserem Grundkurs zählten wir 30 Interessenten, die sich die Tanzschritte zeigen ließen, nachdem sie eine Partnerin aufgefordert hatten. Es war anfänglich immer das Gleiche: Die langhaarigen, blonden Mädchen wurden zuerst aufgefordert, andere mussten auf einen Kandidaten warten. Mir war die Frisur der Damen nicht wichtig. Freundlich und hübsch sollte die Partnerin sein, die ich mir vorstellte. Ich fragte Olga nach einem Tanz und stellte nach kurzer Zeit ihre Bereitschaft fest, sich mit mir unterhalten zu wollen, was mir gefiel. Wir redeten ungezwungen. Ich forderte sie an diesem Abend ständig auf mit mir den Tanzvorgaben des Tanzlehrerpaares zu folgen. Wir verabredeten uns für den nächsten Tanzabend und ich freute mich darauf sie wiederzusehen. Wir bildeten ein Paar, als wenn wir uns schon lange kannten und gehörten dann zu den Tanzpaaren, die befreundet waren und sich nicht mehr auffordern mussten. Wir lernten uns kennen, gingen ins Eiscafé und Kino, fuhren Schwimmen und unternahmen Touren mit dem Fahrrad. Sie lebte in Offenbach, ging in das Gymnasium, das ich verlassen hatte und war eine hervorragende Schülerin. Sie flüchtete vor Jahren mit ihren Eltern aus der damaligen Tschechoslowakei. Ihr jüngerer Bruder wurde in Offenbach geboren. Zwei Flüchtlingskinder fanden sich zufällig und verliebten sich. Für mich ein Glücksfall, ich wiederholte in Heusenstamm eine Klasse auf dem Gymnasium, schwebte aber durch Olga „auf Wolke Sieben". Ich war eine „Sportskanone" und schrieb in der Schule in Mathematik eine Zwei nach der anderen. Das Fach Deutsch stellte kein Problem mehr dar. Kurzum es ging mir sehr gut. Ich fuhr mit dem Bus nach Offenbach, musste 20 Minuten zu Fuß gehen, um zur Wohnung von Olga zu gelangen. Der Weg viel mir leicht. Wir verabredeten uns mehrfach in der Woche. Ich gehörte bald zur Familie, in der wir zusammen das Abendbrot teilten. Ich ging - obwohl evangelisch - sogar in die katholische Kirche, um sie zu sehen und wurde zu einem Familienausflug nach Rothenburg ob der Tauber eingeladen. Wir aßen die Brote, die Olgas Mutter für den Ausflug vorbereitete und sangen am Abend Lieder von Simon & Garfunkel zusammen auf dem Sofa der Eltern im Wohnzimmer.

Als ich frisch meinen Führerschein besaß, fuhr ich sie nach der Tanzschule nach Hause, wenn ich Vaters Auto erhielt, das mein Vater mein Bruder und ich uns teilten. Ich verabschiedete sie lange im Auto nach der Tanzschule vor ihrem Haus. Wir küssten uns leidenschaftlich. Ich schlief nicht mit ihr - was heute ungewöhnlich wäre - , aber selbst mit 18 Jahren galt es als unmoralisch unverheiratet intim zu sein.

An einem Sommernachmittag trafen wir uns und besuchten einen Freizeitpark in Offenbach. Wir nutzten den Bus zum Ziel, spielten

Minigolf, tranken eine Cola und alberten herum. Sie hatte ein schickes Sommerkleid an und sah toll aus. Ich war glücklich mit ihr zusammen zu sein. Die Tanzschule bereitete Spaß, geriet aber durch die Freundschaft mit Olga zur Nebensache. Wir feierten in Frankfurt in einem Hotel den Abschlussball. Alle warfen sich in Schale und zeigten ihre Tanzkünste. Mir fiel auf, dass sich Olga mit einem Klassenkameraden von mir gerne unterhielt, der seinen Späße besonders vor weiblichem Publikum zelebrierte. Ich dachte nicht länger darüber nach und verdrängte die Situation, obwohl ich auf meinen Schulkollegen eifersüchtig war.

Ich lernte Olga kennen, als sie 15 Jahre alt war und feierte meinen 21. Geburtstag, als sie 18 Jahre wurde. Meinen Ehrentag durfte ich bei der Bundeswehr begehen. Dort erhielt jedes Geburtstagskind nach der Nato-Pause um 9:00 Uhr für den Tag frei und durfte tun was es wollte. Ich fühlte mich einsam, denn ich war alleine in dem Ort und ging in ein freundlich eingerichtetes Café in Lütjenburg. Ich erinnerte mich an den Tag, als Olga mich anrief und mir den „Laufpass" gab. Sie hatte nicht den Mut es mir persönlich zu sagen, was ihr leid tat, aber es war entschieden. Es war vorbei. Der Grund war nicht persönlich zu nehmen. Es war das Gefühl nicht den ersten Freund heiraten zu wollen. Ihr Wunsch entsprach, noch andere jungen Männer kennenzulernen, was ich damals nicht verstand. Das Ende war zu spüren, als sie sich freundlich auf dem Tanz-Abschlussball mit einem Klassenkameraden unterhielt. Sie redete mit gedämpfter Stimme am Telefon über ihre Entscheidung, nachdem ich 1972 mit einem Freund von den Olympischen Spielen aus München kam. Wir fuhren mit dem Zug nach Hause zurück. Ich stand am Fenster des Zuges und dachte an Olga, wie schön es jetzt wäre bei ihr zu sein. Ein wohliges Gefühl breitete sich in mir aus, und obwohl ich nicht schlafen konnte, fühlte ich mich stark und zufrieden. Die Realität holte mich bald ein. Nach dem Anruf von Olga zu Hause ging es mir schlecht, immer wieder kreisten meine Gedanken über den Grund nicht mehr ihr Freund sein zu können. Ich fuhr mit dem Fahrrad in den Wald und verbrachte Stunden damit in den Himmel zu starren. Ich besuchte sie unangemeldet, aber sie war nicht da. Ihre Mutter sagte mir kurz, sie würde ihre Tochter auch nicht verstehen. Später traf ich Olga auf dem Offenbacher Bahnhof. Leider verstand ich es nicht mit ihr ein normales Gespräch zu führen. Wir verabschiedeten uns flüchtig. Seit der letzten Begegnung auf dem Bahnhof habe ich sie nicht mehr wieder gesehen, obwohl sie sich bemühte, brieflich den Kontakt zu mir aufrecht zu erhalten. Bei der Bundeswehr erhielt ich Briefe von ihr, in dem sie ihre Erlebnisse schilderte. Überrascht war ich über ihren Schlussteil des Briefes, in dem sie mir ihre Treue versicherte. Viele Jahre später, nach einem Klassentreffen in Heusenstamm, fuhr ich nach Offenbach, wo Olga noch zu Hause wohnte und wollte sie überraschend besuchen. Leider war sie nicht da. Ihre Mutter machte mir die Wohnungstüre auf, wies mich aber erschrocken ab, bevor ich sagen konnte, wer ich war. Sie hatte mich nicht erkannt.

Artur

Als ich in der Mittelstufe eine Klasse wiederholen musste, ging Artur in die Parallelklasse. Er war groß und schlank, sprach wenig und befreundete sich mit Schulkollegen aus der Stadt. Er wohnte in einem kleinen Haus in Heusenstamm in der Innenstadt mit einem schönen Garten, den besonders seine Mutter pflegte. Wenn es nicht regnete, stellte er ab und zu eine Tischtennisplatte im Garten auf. Einige Freunde der Nachbarschaft trafen sich bei ihm, um zu spielen. Ich besuchte ihn wegen schulischer Fragen, sah die Tischplatte und fragte, ob ich mitspielen könnte. Ich durfte, und wir trafen uns jetzt öfters zum Spielen mit dem kleinen Celluloid Ball. Artur war tierlieb und besaß Meerschweinchen, die aber dem Plattenaufbau für das Tischtennis ihren Platz im Garten räumen mussten. Er las viel und hatte ein Talent, Dinge zu basteln und zu konstruieren. Es gab bei ihm Bastelarbeiten zu bewundern, die alle einen bestimmten Zweck erfüllten. Manche

Silvester feierten wir bei Artur, wenn seine Familie nicht anwesend war. Ich traf ihn gerne und wir verbrachten eine angenehme Zeit zusammen. Als Studenten sahen wir uns an der Technischen Hochschule in Darmstadt wieder, denn ich hatte es geschafft in Geografie einen Studienplatz zu erhalten. Zunächst wollte ich Sport studieren und absolvierte eine Aufnahmeprüfung an der Universität Saarbrücken. Den Sporttest hatte ich bestanden, schaffte aber den Numerus Clausus nicht, der ebenso gefordert war. Ich scheiterte an meinem schlechten Abiturzeugnis, konnte mich aber für Geografie in Darmstadt bewerben. Ab und zu traf ich Artur in Darmstadt in der Mensa oder in der Bibliothek. Eines Tages fragte er mich überraschend, ob ich mit ihm im Sommer in den Urlaub fahren möchte. Er wollte mit dem Zelt und einem Rucksack nach England fahren. Ich bejahte spontan, und schon gingen die Vorbereitungen los. Wir kauften alle möglichen Konserven und Fertiggerichte, lüfteten die Schlafsäcke und schauten nach einem Kocher, denn in England essen zu gehen ist nicht einfach und unser Budget war schmal. Obwohl wir nur wenig Geld ausgeben konnten, leisteten wir uns eine Flasche Whiskey, den wir in England abends nach einer Wanderung vor dem Zelt regelmäßig genossen. Artur fuhr einen Opel Kadett, der zuverlässig seine Dienste verrichtete. Es gab ein Radiogerät und einen Kassettenrekorder, so dass die Zeit im Auto kurzweilig war. Wir fuhren durch Wales und schauten uns Ausstellungen zum Umweltschutz an, gingen in den Bergen wandern, kochten uns abends eine Suppe und tranken unseren Whiskey. Mit der Sprache hatten wir keine Probleme, ich konnte alles verstehen und mich mit Wanderkollegen auf Englisch unterhalten. Das Wetter spielte mit. Wir tobten am Strand und schleuderten Steine ins Meer, spielten Kolkraben im Wind, rannten mit dem Rucksack am Abend um einen See und warfen mit Einheimischen jungen Männern in einem Pub Pfeile auf eine Dartscheibe, die schon bessere Zeiten sah. Ohne Navigationsgerät im Auto verließen wir uns auf Karten, die uns den Weg wiesen. Wir beschäftigten uns vielseitig und fuhren mit „Amon Düül II" im Ohr nach 4 Wochen Urlaub wieder nach Hause.

Eine ähnliche Reise unternahmen wir ein Jahr später nach Schottland. Wir fuhren mit zwei PKWs in Heusenstamm los: Constanze - meine Freundin - Artur, die Klassenkameraden Reiner und Jens sowie Martina - Reiners Freundin - und ich. Wer im Auto zusammen gefahren war, der plante auch Unternehmungen und Vorhaben. Constanze, Artur und ich waren auf gemeinsame Events eingestellt und Jens, Reiner und Martina wollten ihr Ding machen, was uns nicht davon abhielt einen gemeinsamen Campingplatz aufzusuchen und einmal zusammen wandern zu gehen. Sechs Studenten unter einen Hut zu bringen ist nicht einfach, tagsüber trennten wir uns in Gruppen, jede realisierte seine Pläne. Abends entzündeten wir ein gemeinsames Lagerfeuer und unterhielten uns. Unser wilder Zeltplatz war am Ende das Loch Assynt in Nordschottland gelegen, unweit der Atlantikküste. Eine gut ausgebaute Straße führte an die Küstenstadt Lochinver, der wir alle einen Besuch abstatteten. Am Hafen packte Reiner seine Angel aus und wenig später zappelte ein länglicher, großer Fisch am Haken. Wir erledigten unsere Besorgungen und kehrten noch in einen Pub ein, in dem es in Schottland üblich ist, tagsüber seine Freizeit zu verbringen. Die Damen unserer Gruppe nutzten die Chance auf der Damentoilette ihre Haare zu waschen, während die Herren einige Getränke testeten. Bald fuhren wir zurück zu unserem Nachtlager und versuchten den Fisch zu garen. Wir zerlegten ihn und brieten die Fischstücke in der Pfanne. Zusätzlich kochten wir die Beute. Aber nach stundenlangem Garen war er immer noch zäh und fest. Frustriert aßen wir unsere Cornflakes. Reiner warf allen Fisch im hohen Bogen in das Loch Assynt.

Da Artur gut zu Fuß unterwegs war und Constanze weniger für das Wandern übrig hatte, gingen wir getrennte Wege. Während Artur einen Hügel nach dem anderen erklomm, mühten Connie und ich uns ab, die Wanderwege zu bewältigen, aber wir nahmen uns Zeit die Natur anzunehmen. Es war kein Mensch zu sehen, wir überschritten das glasklares Wasser der Flüsse. Die Vegetation, die wir sahen, steht auf der Roten Liste der bedrohten Arten. Abends röhrten die Rothirsche am Horizont. Wir gingen die einsamen Wege ohne Stress und Zwang. Alle hatten wir unsere Erfahrungen gesammelt, die sich vergleichen ließen und waren am Abend müde und abgekämpft im Zeltlager angekommen. Der letzte Tag nahte und wir marschierten zu dritt los, Richtung Ullapool, der einzigen größeren Stadt im Norden Schottlands. Das Wetter war erträglich. Wir hatten uns daran gewöhnt, Damen bei einer Außentemperatur von 15 Grad Celsius im Bikini einkaufen zu sehen. Die Wanderung war angenehm. Wir blickten von einem Gipfel auf Ullapool aus der Entfernung und waren sicher noch einmal wieder hierher zu kommen, denn es war landschaftlich sehr schön. Alles verpackt und verstaut ging es morgens zurück nach Südengland, in einer Fahrt. Dort am Abend an der Südküste angekommen verspürten wir großen Hunger und besuchten ein chinesisches Restaurant. In 10 Minuten verspeisten wir das Menü, quittiert durch ein Lächeln des Kellners, der überfordert war, als Artur sagte: „Bitte für mich das Gleiche noch einmal".

(Exkurs: Mein Schulkollege Jens unternahm mit seinem Freund Reiner ein Jahr später eine Reise nach Alaska. Er verstarb nach der Rückkehr in Heusenstamm mit 19 Jahren.)

Jahre später fuhr Artur allein in Urlaub. Er kaufte sich ein teures Fahrrad und strampelte damit alleine durch Deutschland. Ich lebte mit Connie in Bonn zusammen und hoffte, Artur würde uns besuchen kommen, wenn seine Tour nahe Bonn vorbeiführte. Er kam im Sommer eines Tages zu uns. Wir freuten uns sehr und bewirteten unseren Gast, so gut es uns möglich war. Artur wirkte am nächsten Morgen nach einem reichhaltigen Frühstück etwas erholt und fuhr weiter Richtung Eifel. Von dort schrieb er uns einen ausführlichen Brief und erklärte die Entstehung der Vulkaneifel, teilweise in Skizzen mit farbigen Buntstiften unterstützt.

Auch wenn wir uns über ein Jahr nicht gesehen hatten war es bei einem Besuch, als wenn wir uns gestern getroffen hätten. Es ging jeder seiner Wege. Artur arbeitete in Reutlingen bei einer Firma, die in der Messtechnik tätig war und ich studierte eifrig in Bonn Geografie und zwei Nebenfächer.

In einem Sommer erhielten wir eine Ansichtskarte aus Neuseeland, auf der ein Fahrrad einen Gletscher schmückte, mit einem versteckten Hinweis auf seine Person. Typisch Artur, der sich auf Entdeckungsreise am Ende der Welt von topografischen Hindernissen nicht abhalten lässt.

Nach einer Zeit ohne ein Lebenszeichen von ihm erhielt ich die Nachricht, dass es ihm nicht gut ging. Er lag mit einem schwer heilbaren Gehirntumor in einem Krankenhaus in Süddeutschland. Ich war geschockt und schrieb ihm Genesungswünsche. Sein Gesundheitszustand verschlechterte sich rapide. Bald erreichte mich die traurige Nachricht, dass Artur gestorben war.

Ich habe sehr früh einen Freund verloren, mit dem ich mich sehr gut verstand. Sein Humor, seine Verlässlichkeit und Treue waren sprichwörtlich. Es gab niemand, der sich in ähnlicher Weise um eine Freundschaft mit mir bemühte. Artur ist in Heusenstamm beigesetzt. Jahre später träumte ich von einem Besuch von ihm bei mir zu Hause in Bonn. Wir umarmten uns und er sagte zu mir, er sei nicht tot. Der Traum wirkte so realistisch, dass ich ihn nicht vergessen habe.

Michael

Michael lernte ich in Heusenstamm vor einem Eiscafé kennen. Ich spürte seine Sympathie und wir kamen ins Gespräch, als er sein Mofa abstellte, um sich ein Eis zu kaufen. Wir verfolgten die gleichen Interessen, besonders der Fußball hatte es uns angetan. Seine Familie wohnte in der Neubausiedlung „Bastenwald". Sie zog aus der Türkei in ein Einfamilienhaus in den Westen der Stadt. Wie bei uns zu Hause mussten drei Kinder versorgt werden. Knut, der jüngere Bruder und Jutta, seine Schwester, die altersmäßig in der Mitte der Drei liegt. Der Vater war Textilingenieur, seine Mutter ging in einer Bank arbeiten und fuhr einen VW Sportwagen, den Michael und ich uns später ausleihen durften, um zu den Offenbacher Kickers zu fahren, die unsere Vereinsmannschaft im Fußball wurde. Die gesamte Familie war sehr freundlich und lebhaft, hinzu kam ein Hund, der sich freute, wenn Besuch erschien. In deren Haus pulsierte das Leben. Es gab immer etwas zu besprechen, jemand musste einkaufen, Essen kochen, den Hund spazieren führen, den Wagen waschen, Hausaufgaben erledigen, kurzum spielte sich dort ein Leben ab, das es woanders auch gab, aber für mich nicht so wie ich es von meiner Familie kannte. Es wurde viel gelacht und über alles gesprochen, was mir gefiel. Meine Familie traf sich zum Essen in der Küche. Sie sprach über alles, was uns auf der Seele lag, aber der Humor kam, ab und zu, zu kurz. Ich empfand es als ungewöhnlich, dass sich bei Michael nicht die gesamte Familie an den Tisch setzte, um zu essen und zu reden. Jeder nahm sich etwas aus der Küche, trug es zum Esstisch im Wohnzimmer, begann zu essen, schaute fernsehen und unterhielt sich, egal wie spät es war. Meist saß nur eine Person am Tisch. Wenn die Mutter im Haus war, setzte sie sich auf einen Küchenstuhl, hatte alles im Blick, sprach mit allen Anwesenden zur gleichen Zeit und schaute nebenbei Fernsehen.

Nachdem ich die Hausaufgaben erledigt hatte, ging ich oft durch ein kleines Stück Wald an einem Kinderspielplatz vorbei (auf dem wir Kinder viel Zeit verbrachten) zu Michael. Wir saßen in seinem Zimmer im 1. Stock zusammen, hörten Musik von Jimmy Hendrix und sprachen über Motorradmodelle, die Michael selbst gebaut hatte.

Samstags, am frühen Nachmittag, fuhren wir aufgeregt nach Offenbach zu einem Bundesliga Fußballspiel. Wir fuhren schnell im Auto von Michaels Mutter zum Spiel nach Offenbach und fühlten uns wie Manager des Vereins, die alles im Griff haben, parkten auf unserem Stammplatz vor dem Bieberer Berg Stadion, liefen eilig zum Kassenhäuschen und ins Stadion auf die neue Stahlrohrtribüne, die eine gute Sicht auf das Spielfeld bot. Wir kamen immer pünktlich zum Spiel. Die Zeit bis zum Anpfiff verging wie im Flug. Von der Stimmung ließen wir uns mitreißen und fanden unseren Spaß auf dem Bieberer Berg.

Michael und ich waren befreundet. Er besuchte mich ebenso oft wie ich ihn. Wir beschlossen zusammen in den Sommerferien nach Südengland in Urlaub zu fahren, mit einem Seesack ausgestattet, in dem alles für eine Urlaubsreise verpackt war. Wir ließen uns per Anhalter mitnehmen, was in dieser Zeit in Deutschland üblich war, aber nicht den englischen Gewohnheiten entsprach. Es dauerte über einen halben Tag am Straßenrand von London zu stehen und zu versuchen, ein Auto zu stoppen, das uns nach Süden mitnahm. Aber tatsächlich hielt ein Wagen an, der uns aufnahm, bis zu einem Campingplatz in der Nähe von Bournemouth in Südengland. Der Seesack war gut gepackt, aber unhandlich zu transportieren. Nach hartem Kampf und weitem Weg kamen wir auf dem Campingplatz nahe der Stadt und bauten unser kleines Zelt auf, neben einem Wohnmobil, das hier schon länger zu stehen schien. Am nächsten Morgen tranken wir die am Abend zuvor bestellte Milchflasche mit Freuden aus und begrüßten die Gäste des Wohnwagens. Auf dem Campingplatz verbrachten Magerie und Norman seit einigen Jahren ihre Urlaubs- und Freizeittage. Sie begrüßten uns sehr freundlich und luden uns zu einer Urlaubstagesfahrt durch die englische Landschaft an der Südküste ein, die wir dankend annahmen. Wir verschlossen unser kleines Zelt und starteten mit Normans PKW durch Südengland. Er fuhr sehr ruhig und schaltete wenig, was half Benzin zu sparen. Für Michael und mich, ein ungewohntes Bild, bei niedrigen Benzinpreisen eine umweltschonende Fahrweise zu wählen. Es war eine typische Sightseeing- Fahrt, mit mehreren Stopps an der Küste oder einem Aussichtspunkt mit Blick in die grüne Landschaft. Wir stiegen nicht immer aus dem Wagen aus, um die Wiesen und das Grün zu bewundern, aber unseren Gastgebern gefiel der Ausflug gut, was beide mit: „Lovely, isn't it?" kommentierten. Gegen Abend fuhren wir wieder zurück und bedankten uns herzlich für die Mitfahrt und Gastfreundschaft. Wir stellten uns auf einen ruhigen Abend auf dem Campingplatz ein, als Besuch erschien. Ganz überraschend besuchten uns zwei junge Damen vor unserem Zelt und luden Michael und mich zu einem Pub Besuch ein. Wir wussten nicht, warum gerade wir ausgewählt wurden die Damen unterhalten zu dürfen, aber unsere Englischkenntnisse reichten aus, um sie zu verstehen und uns auszudrücken. Wir führten eine ausgesprochen angeregte Unterhaltung mit ihnen und blieben den Abend im Pub, der gut besucht war. Von beiden Damen wurden wir wieder zu unserem Zelt zurück gefahren, nicht ohne uns auch dieses Mal herzlich zu bedanken. Verwundert erzählten wir am nächsten Morgen unseren Nachbarn Magerie und Norman von der spontanen Entführung abends in den Pub. Bald spürten wir, dass beide lächelnd unsere Geschichte aufnahmen und ahnten mit den Organisatoren gesprochen zu haben.

Wir hatten jeden Tag in England immer ein Programm und erkundeten Stadt und Land. Was wir aus Büchern kannten, sahen wir jetzt und fühlten es persönlich. Sei es die Schlange an der Bushaltestelle oder vor der Kinokasse. Hier standen über hunderte Menschen und niemand kam auf die Idee zu drängeln oder zu schubsen, was uns doch angenehm überraschte.

Wir planten unsere Finanzen vernünftig und hatten vor der Heimreise noch Geld zur Verfügung und beschlossen am letzten Abend in ein vornehmeres Lokal einzukehren. Dort sang dezent eine junge Künstlerin, während die Herren Ober die Bestellungen aufnahmen. Nachdem wir die Speisenkarte entschlüsseln konnten, bestellten wir Lamm Kotelette mit Beilagen. Glücklicherweise Beilagen, denn die Fleischportion war spärlich. Es war spannend musikalisch untermalt zu speisen, aber nachdem wir bezahlt hatten, war uns bewusst, das Restgeld beim nächsten Besuch in England anders aus zu geben.

Wir verabschiedeten uns von Magerie und Norman und fuhren mit dem Zug zurück nach Hause. Niemals während eines Urlaubs sind mir wieder so freundliche Menschen wie auf diesem englischen Campingplatz begegnet. Wir schrieben uns noch, aber irgend wann stoppte leider der Briefkontakt und wir erhielten keine Post mehr aus England.

Michaels Schwester Jutta war drei Jahre jünger als ich und hatte ihren eigenen Freundeskreis, der mir nur teilweise bekannt war. Es gab einen großen, schlanken Jungen, der sich mit Jutta befreundete, dessen Kontakt ich mied. Wahrscheinlich waren bei ihm auch Drogen im Spiel, als er aggressiv wurde, auch mir gegenüber, was ich vehement ablehnte und es Juttas Freund auch sagte. Ein Ergebnis war Juttas Wohlwollen für mich. Wir konnten uns gut leiden, gaben uns die Hand, trafen andere schulischen Kollegen und unternahmen zusammen Besuche im Kino und in Kneipen. Wir waren eine Gruppe, die viel Spaß hatte und zusammen hielt. Aber ich traute mich nicht, eine Freundschaft mit Jutta einzugehen, weil ihr Bruder mein Freund war. Ich stand mir selber im Weg. An einem Rosenmontag traf sich unsere Gruppe zum Feiern bei einem Freund. Ich hatte den Eindruck, Jutta forderte mich auf, mit ihr zu kommen, aber ich ging nicht darauf ein und feierte mit anderen Kollegen ohne sie Karneval. Wahrscheinlich an diesem Tag lernte Jutta einen Schulfreund kennen, den sie später heiratete und von dem sie zwei Kinder bekam. Er war ein Star in der Schule, sehr gut aussehend und freundlich, aber, als sie verheiratet waren, auch untreu. Er betrog Jutta und erkrankte nach Jahren an Krebs, verstarb als ihre Kinder noch schulpflichtig waren. Jutta zog zu ihrer Mutter, die in Unterfranken zu Hause war. Jahrelang hatte ich keinen Kontakt mehr zu ihr und Michael. Erst als meine Tochter Stefanie ihr eigenes Leben führte, traf ich Michael in Köln wieder. Er war sehr freundlich, gab mir aber zu bedenken, er habe es nicht verstanden, warum ich mit meiner damaligen Ehefrau und späteren „Wohngemeinschaftspartnerin" zusammen war und blieb. Vielleicht war das der Grund warum wir viele Jahre keinen Kontakt aufrecht erhielten? Jutta habe ich seit der Zeit nicht mehr gesehen. Vor Jahren schrieb sie mir einen überaus freundlichen Brief. Danach hörte ich nichts mehr von ihr, obwohl ich ihr ab und zu geschrieben hatte.

Bundeswehr

Bundeswehrzeit

Im Sommer 1974 wurde ich nach meinem Abitur zur Bundeswehr eingezogen. Anders als meine Schulkollegen trat ich meinen Dienst für Deutschland in Schleswig-Holstein an, ca. 700 km von Hause entfernt. Der Abschied von zu Hause fiel mir schwer, da ich nicht wusste, was auf mich zukam. Meine Mutter schien das zu ahnen. Sie verabschiedete mich verständnisvoll und besorgt zugleich, ohne ein Wort zu sagen.

Wahrscheinlich war ich selbst der Verursacher des Handikaps der großen Entfernung des Bundeswehrstandortes von zu Hause, da ich zur Marine wollte, wie mein Bruder, aber es nicht schaffte. Ich landete nach der Grundausbildung bei einem Heimatschutzkommando in Ostholstein und war in der Nähe der Küste stationiert, wie die Soldaten der Marine. Der Bundeswehrdienst verlief in den 70iger Jahren nicht einfacher als Jahre zuvor. Es ging autoritär zu, sowohl auf dem Exerziergelände als auch auf einem Truppenübungsplatz. Nach der sechswöchigen Grundausbildung wurde ich zu einer Panzerjägerkompanie nach Lütjenburg versetzt, die von einem ehrgeizigen Major geführt wurde. Ein Mittel auf sich aufmerksam zu machen, war die Durchführung von Übungen. Die Kompanie besuchte bis zu acht Truppenübungsplätze pro Jahr und führte gegen den imaginären Gegner „die Roten" einen Panzerkrieg, den wir in jedem Fall immer gewannen, auch wenn es noch so anstrengend für den einfachen Soldaten war. Soldat zu sein entsprach für mich in einer neuen Welt zu leben, in der ich mich nicht recht behaupten konnte. Befehle von Unteroffizieren entgegen zu nehmen und zu befolgen, die ein einfaches Gemüt offenbarten und manchen unsinnigen Befehl ausgaben, war besonders ärgerlich. Der Weg sich zu beschweren blieb einem Soldaten immer offen, aber nach Einreichung einer Beschwerde hatte sich derjenige einen schweren Stand eingehandelt und wurde nach einer Zimmer- und Spindkontrolle (Schrankkontrolle) auf Sauberkeit und Ordnung am Freitagnachmittag für den Wochenendwachdienst bestimmt.

Ich traute mich, mich über einen Oberfeldwebel zu beschweren, der einen unzulässigen Dienstplan verfolgte. Der Grund war eine Aktion, die er allen Soldaten der Kompanie befahl. Wir mussten mit dem Kampfanzug und einer Gasmaske mehrfach um das Gebäude der Kompanie laufen, was der Dienstplan nicht vorsah. Der Kompaniechef gab mir Recht, aber von dem Zeitpunkt der Beschwerde an hatte ich in meiner Kompanie nichts mehr zu lachen. Nicht nur einmal wurde ich freitags von dem Ermahnten kontrolliert, mit dem Ergebnis in Todendorf am Wochenende, wenn andere Soldatenkollegen mit ihren Freundinnen ins Kino gingen, einen 24 Stunden Wachdienst „schieben" zu dürfen. Der Wachdienst hatte es in sich: Alle vier Stunden musste vier Stunden Wache mit durchgeladenem Gewehr nach Personen kontrolliert werden, die sich unberechtigt im abgesperrten Gelände aufhielten. Das klingt nicht dramatisch, aber morgens um drei Uhr nach zwei Stunden Schlaf bei Null Grad Außentemperatur Wache zu laufen ist kein Vergnügen. In unserer Kompanie gab es einen Panzerjäger, der während des Wachdienstes ein Nickerchen hielt, was von einem wachhabenden Offizier entdeckt wurde, der das Vergehen dem Kompaniechef meldete. Der Soldat erhielt einen Verweis und vier Wochen Wachdienst. Leider wiederholte sich der Vorfall mit dem Ergebnis, dass der Gefreite unehrenhaft aus dem Soldatendienst entlassen wurde und als vorbestraft gilt. Das wirkte als Abschreckung. Nach 24 Stunden Wachdienst erhielten die Kameraden einen freien Tag.

Die Kaserne war ein typisch norddeutsches Backsteingebäude neueren Datums. Die Mannschaftsdienstgerade schliefen in Räumen mit acht Kameraden, die um 22:00 Uhr Bettruhe einzuhalten gewohnt waren. Nach dem Grundwehrdienst gab es einige Spezialisten, die nach 24 Uhr betrunken in ihr Bett fielen. Auch sie wurden um 5:45 Uhr geweckt. Der neue Tag war besonders für diese Spätheimkehrer grausam. Jeder verrichtete seinen Dienst, ob mit oder ohne Restalkohol.

In der Panzerjägerkompanie gab es eine Vielzahl von Panzern und Fahrzeugen, die gepflegt werden mussten. Wir fuhren mit Lastkraftwagen, Jeeps, Kanonenjagdpanzern, Leoparden, Mannschaftstransportwagen und M48-Panzern der Nachkriegsgeneration. Nach einer Übung sah der Dienstplan in der ganzen folgenden Woche einen „technischen Dienst" vor. Das bedeutete die Pflege aller Fahrzeuge. Nachdem alles gesäubert war, wurde erneut gereinigt, oder die Arbeiten zogen sich hin, bis der Offizier vom Dienst sein Okay gab. Das war nicht morgen oder übermorgen. Kameraden wurden zu Diplom-Reinigern ausgebildet, die jeden Putztrick kannten und anwendeten.

Bevor ich im Spätsommer zu den Panzerjägern versetzt wurde, absolvierte ich die Grundausbildung in Putlos bei Oldenburg. Der raue Umgangston, die neuen Hierarchien, das Essen und sieben Soldatenkollegen auf der Stube der Kaserne mussten kennengelernt werden, ebenso die körperliche Anstrengung des Marschierens und der Gefechtsübungen. Aber durch den Sport zu Hause und die Kondition, die ich mir erwarb, ging es mir körperlich nicht schlecht. Ich konnte mich konzentrieren und die Aufgaben, die uns Soldaten gestellt waren, erledigen. An einem sonnigen Tag stellte der Stabsunteroffizier uns die Aufgabe, das Verschlussteil eines Maschinengewehrs auseinander zu nehmen und wieder zusammen zu setzen, mit verbundenen Augen. Die Zeit, die dafür notwendig war, wurde gemessen. Ich hatte mir die Einzelteile des Verschlusses gut eingeprägt und war der erste Soldat der Kompanie, der das Teil wieder funktionsfähig zusammenbaute. Das schien den Unteroffizier zu beeindrucken, da er mich spontan noch auf dem Übungsplatz fragte, ob ich mich weiter verpflichten wolle. Ich antwortete darüber nachzudenken. Abends wurden einige Soldaten nach der Weiterverpflichtung befragt. Ich überlegte, mich auf vier Jahre zu verpflichten und teilte das auch in der Schreibstube mit, wurde aber abgelehnt. Nach der schlechten Nachricht brach ich in Tränen aus und sagte aber den besorgt nachfragenden Kameraden nicht den wahren Grund. Für mich war nun der Weg in der Bundeswehr vorgezeichnet. Ich tat nur das Notwendigste, engagierte mich nicht mehr und hoffte auf diese Weise der Gleichgültigkeit die Zeit zu verbringen.

In Lütjenburg angekommen wehte weiterhin der raue Wind des Soldatendaseins. Die Übungen mussten detailgenau vorbereitet werden, danach kam der Transport zum Truppenübungsplatz, die Übung selbst und die Rückkehr. Keiner fragte nach Überstunden. Es wurde gearbeitet und gekämpft. Nach einer 36-Stunden-Übung legte ich mich neben einen Mannschaftstransportwagen erschöpft in den Wald und schlief sofort ein. Meine Kameraden ließen mich weiterschlafen, bis wir mitten in der Nacht die gesamte Kompanie verlegten.

Zu Beginn meiner Dienstzeit in Lütjenburg besuchte ich zuerst die Fahrschule. Ich lernte einen LKW zu steuern und einen Panzer zu fahren, was mir anfänglich einen gehörigen Respekt einflößte. Selbst in der Fahrschule wurde nichts erbeten, sondern im barschen Ton verkündet: „Mensch Widlewski, wenn du das noch einmal machst, haue ich dir auf die Hörner!" Es wurde zwar von den Fahrlehrern gesagt, man meint es nicht so, wie ausgesprochen, aber man meinte es ganz genau so. Die Fahrstunden mit einem älteren MAN LKW Modell und dem Muss von Zwischengas liefen ganz ordentlich, was nicht für den Panzer galt. Ich lernte auf einem Kanonenjäger das Panzerfahren. Ein Fahrlehrer und ich befuhren auch Land- und Nebenstraßen, die genauso breit wie der Panzer waren. Hier ging es um Millimeter, die links und rechts der Straße übrig blieben. Aber das eigentliche Problem der Fahrschule zeigte sich im Gelände, wo der Panzer fast genauso schnell die Hügel und Mulden durchquerte, wie auf der Straße. Als Fahrlehrer stand hinter dem Fahrersitz ein Feldwebel, dem es gefiel, seine Fahrschüler zu demütigen. In der Landschaft suchte er sich Mulden aus, die mit Wasser und Schlamm gefüllt waren und gab den Befehl dort hindurch zu fahren. Kurz davor brüllte er: „Gas, Gas, Gas!" und wir donnerten durch die Untiefe, wobei der niedriger gelegene Fahrersitz durch die offene Sehluke einen gehörigen Teil des Modders abbekam. Die Prozedur wiederholte sich einige Male, bis ich völlig verdreckt und durchnässt war. Es war Freitagnachmittag und Feierabend. Als wir zurück in die Kaserne fuhren, waren keine Soldaten mehr da, die unseren völlig verdreckten Kanonenjagdpanzer sahen. Niemand fragte nach der Probefahrt. Nach dem Gang unter die Dusche kam ich an dem Zimmer vorbei, wo das Bett des Feldwebels stand und sah durch die halb offene Tür wie sich der in sauberer Unterwäsche auf dem Bett sitzende und schwankende Fahrlehrer mit einer Flasche Korn ohne Glas hemmungslos betrank.

Den Führerschein für Lastkraftwagen und Panzer habe ich im Herbst 1974 erhalten. Eine meiner Aufgaben ergab sich aus einer neuen Tätigkeit in der Kompanie. Ich wurde dem Truppenteil der Fernmelder („Kabelaffen") zugeteilt, die im Gelände einen Mannschaftstransportwagen besaßen, den ich fahren musste. Wenn ich nicht die Aufgabe des Fahrers erfüllte, reparierte ich mit zwei Kameraden Fernsprecheinrichtungen, die in den Kampfpanzern die Kommunikation aufrecht erhielten. Ein Kollege war sehr schlagfertig und humorvoll, aber dem Alkohol nicht abgeneigt. Er hatte sich verpflichtet und trauerte seiner entgangenen Freiheit nach. Bei Kompaniemärschen mit Kampfanzug und Sturmgepäck zeigte er sich als Kamerad und trug Waffen und Gepäck anderer Soldaten, die erschöpft dazu nicht mehr in der Lage waren. In der Kompanie wieder angekommen genehmigte er sich einen Schluck aus der Flasche, was wir nicht kommentierten. Der andere Kollege war ein erfahrener Hase in der Bundeswehr, der nicht mehr viele Tage als Soldat bestehen musste und zurückgezogen sein Maßband (ein Maßband ist 150 cm lang und wurde jeden Tag um einen Zentimeter gekürzt) pflegte. Hinzu kam ein Oberfeldwebel als Gruppenführer, der noch sehr jung seine Erfahrungen sammelte. Wir waren ein eingespieltes Team, das seine Aufgaben erledigte und in dem jeder auf den anderen Rücksicht nahm.

Auf einer Übung in der Rhön ereignete ich eine schrecklicher Unfall. Das Wetter war kalt und nass, neblig mit Eisregen, die Sicht sehr schlecht. Ein Soldat hatte die Patronen für sein G3 (Standardgewehr) verwechselt und statt Übungsmunition scharfe Munition geladen. Hierbei schoss er bei einer Übung einem Kameraden durch den Stahlhelm in den Kopf. Der Widerstand des Helms war leider nicht hoch genug. Auch erfahrene Offiziere und Mannschaftsdienstgrade, die in der Umgebung ihren Dienst versahen, weinten ungehemmt, die Stimmung lähmte das gesamte Geschehen. Einige Kameraden waren mit dem Ereignis überfordert und ließen sich gehen. In unserem Quartier betrank sich ein Soldat, wurde laut, schimpfte auf Gott und die Welt und urinierte auf sein Feldbett. Mir wurde übel, und ich hoffte bald dem gesamten Chaos der Übung zu entgehen und schlief irgendwann in der Nacht erschöpft ein.

Gegenüber der Kaserne in Lütjenburg lag ein Soldatenheim mit Restaurant, Fernsehraum und Diskothek. Da ich aufgrund der Entfernung von der Heimat nicht an jedem Wochenende nach Hause fuhr, hielt ich mich dort zeitweise auf. Ich schaute am Samstagabend Fernsehen, aß in der Gastronomie eine Currywurst und ging in die Diskothek, in der aber nur ein Mädchen tanzte. Es gab keinen Ärger und Streit. Diejenigen, die auf Streit aus waren, gingen nicht in das Soldatenheim. Aber auch die Heimleitung hatte ein Auge auf den friedlichen Besuch.

Die Landschaft in Ost-Holstein gehört naturräumlich der Holsteinischen Schweiz an, ein schöner Landschaftsraum mit seltenen Pflanzen und Tieren. An manchen Wochenenden im Frühjahr und Sommer erkundete ich alleine die Umgebung. Ich fuhr mit dem Bus an die Küste und nach Kiel, schaute mich um und bewunderte die Landschaft sowie das touristische Treiben. Abends kehrte ich entspannt in die Kaserne zurück und plante als Privatperson hier Urlaub zu verbringen, was ich später als Familienvater tatsächlich organisierte.

Soldaten, die einen Studienplatz nachweisen konnten, durften zu Beginn des Wintersemesters die Kompanie vorzeitig verlassen, was ich auch in Anspruch nahm. Ich konnte in Darmstadt Geografie studieren. Mit dem Team der Fernmelder traf ich mich zum Abschied in einem Lokal ganz in der Nähe der Kaserne. Wir verbrachten einen schönen Abend und verabschiedeten uns herzlich. Als ich nach Jahren mit meiner Familie wieder Lütjenburg besuchte, traf ich meinen ehemaligen Kameraden wieder, der sich zu seinen Gunsten entwickelte und seinen Humor bewahrte. Einen anderen Kameraden aus der Schreibstube, mit dem ich öfters Wache lief und mich gut verstand, sah ich erst nach über 20 Jahren in der Kantine der Telekom in Bonn wieder, als er mir sprichwörtlich über den Weg lief. Wir erkannten uns am Gang, treffen uns heute regelmäßig in Bonn und sind befreundet.

Merja

Mein Bruder lernte seine Frau aus Finnland kennen, als er bei der Marine in Kiel stationiert war und die Kieler Woche stattfand. Sie suchten und fanden sich, unternahmen vieles gemeinsam und planten die Zukunft nach der Bundeswehrzeit.

Seine damalige Freundin und spätere Frau schwärmte von den finnischen Sommern, den Seen, dem Fischen und dem Leben in der Natur. Sie trug mit dazu bei, dass meine Eltern, Doris und ich 1975 einen Sommerurlaub in Finnland in einem Holzhaus in einer kleinen Feriensiedlung planten. Vater verkaufte seinen Käfer und erwarb einen VW Golf, der uns nach einigen Umwegen und Hindernissen nach Finnland in die Feriensiedlung brachte. Das Haus war ein Häuschen, klein aber sauber. Mich störte die räumliche Enge nicht, aber meine Mutter schluckte ihre Meinung darüber herunter. Wir lebten von kleineren Fischen, die wir mit selbstgebauten Angeln aus den Seen vor der Haustür erbeuteten. Von den Fischen kochte meine Mutter eine Fischsuppe, die köstlich schmeckte. Nachbarsjungen verkauften uns Würmer als Angelköder. Schon ging das Abenteuer Angeln los. Wir fuhren mit dem Ruderboot auf den See, warfen die Angeln aus und hatten Erfolg. Am Haken zappelten Barsche und Weißfische, die meine Mutter ausnahm. Wir gönnten uns viel Zeit für das Angeln und wiederholten die Aktion „Fischsuppe". Was wir noch benötigten kauften wir in einem Geschäft, was einige Kilometer von unserem Feriendomizil entfernt lag. Das Geschäft stellte sich als ein Selbstbedienungsladen mit Bedienung heraus, alle kümmerten sich um die Gäste freundlich und bemüht. An der Fleischtheke bediente ein Mädchen, das frische Waren dem Gast vor Augen hielt und dabei ausgesprochen freundlich anbot. Ich fuhr mit dem Wagen nur wegen der Verkäuferin zum Einkaufen und fragte meinen Vater, wann ich wieder die Familie versorgen dürfte. Sie beendete im Frühjahr die Schule und wartete auf einen Studienplatz. Plötzlich war das Mädchen verschwunden. Anfänglich traute ich mich nicht den Besitzer des Geschäfts zu fragen, wo sie denn jetzt arbeitete. Am vorletzten Tag des Urlaubs fand in der nächst größeren Turnhalle der Umgebung eine Tanzveranstaltung statt. Ich plante es zu fragen, ob es mit mir dort zum Tanzen gehen wolle. Aber, wo war es? Ich fragte jetzt den Besitzer und Nachbarn des Geschäfts, unseren Vermieter des Ferienparks und jede Person, die ich beim Einkaufen traf. Leider ohne Erfolg. Ich machte mich schon traurig damit vertraut, keinen finnischen Tanzabend zu erleben, als in der Feriensiedlung ein Anruf für mich einging. Wer sollte mich hier anrufen? Es war die Verkäuferin Merja, die hörte, dass ich sie suchte. Wir verabredeten uns tatsächlich für die Tanzveranstaltung. Mein Vater erlaubte mir sein Auto zu benutzen.

Wir redeten Deutsch, Englisch und Finnisch und verstanden uns hervorragend. Nach einem Tanz nahm sie meine Hand und führte mich zu ihrem Platz in der Turnhalle. Ich war erstaunt, so viele

Teenager und junge Leute zu sehen, die ihren Spaß auslebten und teilweise einige hundert Kilometer weit fuhren, um an dem Tanzvergnügen teilzunehmen. Für mich erstaunlicherweise wurde viel finnische Polka gespielt, gemischt mit neusten Schlagern. Vieles erklang in Moll. Mir fiel es schwer bei manchem Lied nicht traurig zu werden, so wie die Musik erklang. Aber Merja sorgte für Aufmunterung. Vielleicht weil alle Finnen besonders gerne Kaffee trinken, fuhren wir noch in die Stadt, obwohl der Abend weit fortgeschritten war. Wir sprachen über ihr Vorhaben zu studieren; ich war mir unsicher, ob sie deswegen in Finnland bleiben wollte. Wir besuchten noch in der Nähe in einem Waldstück einen Glücksbrunnen auf und warfen Münzen hinein. Ich fuhr sie danach nach Hause, wo wir uns tränenreich verabschiedeten.

Wieder zurück in Deutschland schrieben wir uns selten, sie schickte mir ein Bild von sich, aber jeder ahnte es, der von ihr wusste: Wenn wir uns nicht im nächsten Sommer wiedersehen, würden wir uns wahrscheinlich nicht mehr treffen. Im Sommer nach unserem Familienurlaub in Finnland fuhr ich mit Artur nach Wales. Ich hatte mich ein Jahr später für den Urlaub mit meinem Freund entschieden, dachte an Merja, aber sah sie nicht wieder.

Die Entwicklung der Bundeswehr

Die Wiederbewaffnung der Bundesrepublik 1955 führte zu heftigen Diskussionen zwischen der CDU und SPD über die moralische Verantwortung, wenige Jahre nach der Hitler-Diktatur in Deutschland. 1956 wurde das Gesetz über die Rechtsstellung des Soldaten und das Wehrpflichtgesetz beschlossen. Das Gesetz über den Bundesgrenzschutz ermächtigte den Bundesminister für Verteidigung (der erste Bundesminister der Verteidigung war Theodor Blank) aus Freiwilligen des Bundesgrenzschutzes (BGS) Soldaten für die Bundeswehr aufzustellen. Im November 1956 bestand sie zunächst überwiegend aus BGS Beamten und Freiwilligen, 1957 kamen die ersten Wehrpflichtigen hinzu. Der „Staatsbürger in Uniform" wurde aus der Taufe gehoben. Das Leitbild gilt heute für Wehrpflichtige genauso wie auch für Zeit- und Berufssoldaten.

„Der Bund stellt Streitkräfte zur Verteidigung auf", heißt es im Artikel 87a des Grundgesetzes. Aber die reine Verteidigungsstrategie der Bundeswehr wurde im Laufe der Jahrzehnte aufgeweicht. Als Folge der seit 1990 veränderten Sicherheitslage wird die Bundeswehr auch zu friedenserhaltenden und friedenssichernden Maßnahmen außerhalb der Bundesrepublik Deutschland eingesetzt. Im Jahr 2017 waren rund 3.400 Soldaten der Bundeswehr im Ausland im Einsatz. In den Regionen Kosovo, Libanon, Horn von Afrika und angrenzender Seegebiete, Mali, Senegal, Afghanistan, im Mittelmeer, Nordirak und Nahost waren seit 1991 410.000 deutsche Soldaten vor Ort. Seit diesem Zeitraum sind 108 Soldaten ums Leben gekommen (vgl. Bundeswehr, Wikipedia 2019). Seit 2001 mehrten sich die kritischen Stimmen über den Sinn und Zweck des Einsatzes in Afghanistan. Ein großer Teil der deutschen Bevölkerung lehnt den Bundeswehr Einsatz gegen den Terror in Afghanistan ab. Bundeswehrsoldaten beschweren sich über die mangelnde moralische Unterstützung der deutschen Bevölkerung für ihren Einsatz in Afghanistan.

Insgesamt stehen heute 181.400 Soldatinnen und Soldaten in der Bundeswehr zur Verfügung. Im Heer dienen 62.000, in der Luftwaffe 27.800, in der Marine 16.300 und im CIR (Organisationsbereich Cyber und Informationsraum der Bundeswehr) 13.000.

Heute werden rund 22.000 Soldatinnen eingesetzt, die – nach dem Bericht des Wehrbeauftragten 2019 – zum Teil von ihren männlichen Kollegen gemobbt und bedrängt ihren Dienst verrichten müssen.

Studium

Ende September 1975 wurde ich aus der Bundeswehr entlassen, um im Oktober in Darmstadt ein Studium der Geografie aufzunehmen. Noch Jahre später hingen mir einige Praktiken und Gewohnheiten der Bundeswehr nach. Ich träumte von Weckrufen um 5:45 Uhr und hörte den UvD (Unteroffizier vom Dienst) brüllen: „Kompanie aufstehen!".

Ein 50t - Panzer war nicht meine Welt. Bis heute jagen mir diese Eisenmonster einen gehörigen Respekt und Schrecken ein. Ich konnte mich während des Dienstes bei der Bundeswehr an einige Dinge nur schwer gewöhnen. Jetzt schrie niemand mehr früh morgens. Ich nutzte das freie Leben als Student. Jeder Student hatte sein Studienplan und Aufgaben zu erfüllen, aber es gab noch genug Zeit, nach links und rechts in andere Fächer zu schauen. Ich hörte beispielsweise einmal die Woche eine Politikvorlesung und ließ mich von Prof. Dr. Dr. Schmidt faszinieren. Er entwickelte Thesen und brachte Ergebnisse, die ich bisher nicht kannte. Es gab auch in der Geografie Vorlesungen, die mir gefielen. Die allgemeine Geologie Vorlesung, Exkursionen dazu und eine Vorlesung zur Agrargeografie von einem Professor aus Österreich hörte ich gerne.

Anfänglich ging es darum, zuerst Literatur zu suchen und zu finden sowie das Zitieren zu lernen. Wir Studenten nahmen an einem Literaturseminar teil und lernten die spezifische Literatursuche und eine individuelle Weise zu zitieren. Zu den Grundlagen der Geografie gehörten auch Fachweltkarten, wie zum Beispiel die Klimazonen der Erde, die wir abzeichnen mussten und so verinnerlichten. So mancher Student wunderte sich über einige Kommilitonen, die in der Bibliothek mit Buntstiften hantierten und Felder ausmalten. Ich hatte (noch) nicht die rechte Motivation für ein Studium gefunden. Hinzu kam die Erkenntnis, dass ein Magister-Studium im Vergleich zu einem Diplom-Studiengang Geografie problematisch werden könnte. Auch die ständige Fahrt von Darmstadt nach Hause und umgekehrt machte mir zu schaffen. Ich wusste nicht, wo mein zu Hause war. Daran änderte sich auch nichts, wenn mein Vater mir anbot mich am Sonntagabend nach Darmstadt in meine Studentenbude zu fahren, was er freundlicherweise öfters tat. Ich saß in meiner Studentenwohnung und überlegte, wie ich mich entscheiden soll. Riskiere ich einen Wechsel des Studienabschlusses? Nach dem Sommersemester 1976, in dem ich mich mehr im Schwimmbad als im Hörsaal aufhielt, entschied ich mich in Bonn weiter Geografie zu studieren, aber mit dem Ziel eines Diplom-Abschlusses. Ich fuhr an Wochenenden wieder nach Heusenstamm, aber nicht jeden Freitag und fühlte mich in Bonn eher heimisch als in Darmstadt. Ich war neu motiviert und wiederholte das Jahr Studium in Darmstadt im Schnelldurchgang in Bonn. Nachlässigkeiten, die in Darmstadt vorkamen, vermied ich in der unbekannten Stadt. Glücklicherweise fand ich ein zentral gelegenes und preiswertes Zimmer, ohne Komfort, was mir aber nicht wichtig war. Später störte mich ab und zu die pensionierte Vermieterin, die plötzlich in meinem Zimmer stand und mir irgendwelche Vorhaltungen machte.

Ich sprühte vor Tatendrang, hörte den ganzen Tag Vorlesungen, nahm an Seminaren teil und ging in die Mensa, die für wenig Geld ein ganz passables Essen servierte. Meine Nebenfächer Geologie und Meteorologie konnte ich weiter studieren.

In das Unterseminar Physische Geografie ging ich besonders gerne, zum einen wegen des guten Dozenten zum anderen wegen der freundlichen Kommilitonen. Ich lernte zwei Kollegen näher kennen, mit denen ich mich schon morgens vor der ersten Vorlesung traf, um für die Zwischenprüfung, bzw. für das Vordiplom zu lernen. Jeder fand ein Spezialgebiet, in der er besonders viel wusste. Ein Idealfall, um sich auszutauschen. Mein besonderes

Fachgebiet war die Klimatologie. Hier konnte ich meinen Freunden Paul und Klaus helfen, die mir Fachfragen stellten. Es machte Spaß, die Zeit in der Form zu verbringen. Das Lernen, und die Mühen lohnten sich: Wir drei Kandidaten legten eine sehr gute Prüfung ab. Ich war stolz, so erfolgreich zu sein, fernab der eigentlichen Problematik eines Geografiestudiums, die mich im Hauptstudium bald einholen sollte.

Mein Selbstbewusstsein wuchs und ich lernte weitere Kommilitonen kennen. In der Cafeteria traf ich Astrid. Sie sprach offen und ehrlich, war überaus freundlich und sehr patent. Wir unterhielten uns lange, bis unsere Studienprogramme das erste Zusammensein beendete. Ich wollte sie wiedersehen. Wir verabredeten uns auf ein Bier. Sie erschien pünktlich, obwohl sie verlobt war und von einigen Verehrern erzählen konnte. Darüber dachte ich nicht näher nach. Ich war von ihr fasziniert und froh auf ihr Verständnis und Wohlwollen zu treffen. Wir erzählten uns unser bisheriges Leben und fühlten eine gemeinsame „Wellenlänge", spazierten abends zum alten Zoll am Rhein und küssten uns. Wir planten einen gemeinsamen Kinobesuch, der aber leider nicht zu Stande kam. Sie schickte mir tagsüber ein Telegramm, dass sie keine Zeit findet, mit mir ins Kino zu gehen und grüßte mich liebevoll. Trotz der Absage schwebte ich auf „Wolke Sieben". Ich wusste, sie war auch in mich verliebt, was mich für alle studentischen Aufgaben beflügelte. Es war eine glückliche Zeit nur an die Gegenwart zu denken und mit einem Lächeln aufzuwachen. Mein Engagement im Studium litt nicht unter den Aktivitäten außerhalb der Geografie. Ich fühlte mich motiviert meine Fächer zu studieren und gleichzeitig Studenten kennenzulernen und mit ihnen auszugehen. Ich befand mich in einer anderen Welt als auf dem Kasernenhof, eine Welt ohne Hierarchie, Befehl und Gehorsam. Die freie Wahl etwas zu tun, das Wann und Wo selbst zu entscheiden war faszinierend. Ich traf mich freitags morgens um 8:00 Uhr auf dem Tennisplatz des Sportinstituts der Universität Bonn und spielte mit Joachim, den ich in einem Geografoeseminar kennenlernte,

Tennis. Andererseits ging ich in der Woche um diese Zeit in eine Bodenkundevorlesung. An manchen Tagen war ich abends der einzige Student in der Bibliothek der Geografen und „machte das Licht aus".

Die Fasnacht erlebte ich schon öfters in Heusenstamm, den rheinischen Karneval lernte ich 1977 kennen. Es herrschte der Ausnahmezustand für fünf Tage. An Weiberfastnacht Donnerstag und Rosenmontag wird der Rollladen geschlossen, die Geschäfte bringen ihre Waren in Sicherheit und alle „Jecken" laufen schunkelnd und singend durch die Straßen. Mancher Karnevalist hält eine Flasche in der Hand, prostet singend in die Runde „mir lasse de Dom in Kölle" und verschwindet in einer Kneipe, in der es seit vormittags kaum mehr einen Stehplatz zu erobern gibt. Bei entsprechender Kondition kann tatsächlich fast eine Woche ohne Unterbrechung gefeiert werden. Der Straßenkarneval bestimmt das Leben, der Alltag findet nicht statt, überall Luftschlangen, Bierdosen und feiernde, verkleidete Jecken. In dieser Stimmung bin ich vormittags mit dem Zug nach Köln zum Rosenmontagszug gefahren, den rund eine Million Menschen besuchen. Hier stehen am Straßenrand seit Stunden in mehr als zehn Reihen schunkelnde Menschen, die den Karnevalszug erwarten, auf den das ganze Jahr hin gearbeitet wird. Die Organisatoren betreiben einen gigantischen Aufwand. Gezeigt werden Spezialwagen, die Satire und Ironie widerspiegeln und sich im Werfen von Süßigkeiten überbieten. „Strüssje" fallen vom Zugwagen, kleine hübsch anzuschauende Blumensträußchen, die begehrt sind. Ich versuchte ein Sträußchen zu fangen, was mir nach einigen Fehlversuchen gelang. Neben mir stand eine attraktive, blonde, junge Frau, der ich den Blumenstrauß schenkte. Sie freute sich aufrichtig darüber. Wir schauten uns an und unterhielten uns, soweit das Gesagte nicht im Trubel unterging und entschieden in die nächste Kneipe zu gehen, um uns ruhiger unterhalten zu können. Sie hieß Jutta und reiste aus Braunschweig an, um den Kölner Karneval zu besuchen. Meine Geschichte war schnell erzählt und wir kamen uns näher. Der erste Kuss wurde ironisch von Karnevalisten kommentiert, aber das störte uns nicht. Der Karneval erschien nebensächlich und wir verbrachten den Rosenmontag Nachmittag in einer Kneipe, bis sie zum Bahnhof musste. Ich begleitete sie zum Zug und verabschiedete sie mit dem Versprechen ihr zu schreiben.

In meiner ersten Karnevalszeit im Rheinland feierte ich jeden der 5 Tage karnevalistischen Treibens. Den Samstag vor dem Karnevalszug in Köln verbrachte ich in einer Kneipe in Bonn mit Kommilitoninnen meines Wohnhauses. Ich tanzte mit einer Studentin, die sich freundlich mit mir unterhielt. Wir tranken Bier und sangen mit den Karnevalisten der Kneipe aus vollem Hals alle Karnevalslieder mit, die gespielt wurden. Später begleitete ich sie zum Busbahnhof und fragte, ob wir uns wiedersehen, im Bewusstsein, welche Bedeutung meine Frage nach sich ziehen könnte. Wir verabredeten uns für den Sonntag, und ich traf sie auf dem Marktplatz in Bonn, um die belgischen Fahnenschwinger zu bewundern, die mithalfen das Bonner Rathaus zu erobern. Ihr Name ist Constanze, sie ist fast zwei Jähre älter als ich. Ich lebe mit ihr – mit Unterbrechungen - seit über 40 Jahren zusammen. Wir erzogen eine Tochter und führten viele Jahre ein normales Familienleben in Bonn. Trotz Astrid und Jutta aus dem Kölner Karnevalszug, hatte ich mich für Constanze und ein mögliches Familienleben entschieden. Jutta aus Braunschweig wohnte weit entfernt, Astrid war nicht mit mir verlobt und umschwärmt wie ein Licht von Motten. Meine Entscheidung war gefallen. Nach einem intensiv gefeierten Karneval gewann die Rationalität und Sympathie die Oberhand. Wie in jeder Beziehung gab es auch nicht so glückliche Tage mit Constanze, aber den Großteil der Zeit mit ihr und meiner Familie war ich zufrieden. Ohne Reue und mit Freude bestimmte sie über viele Jahre mein Leben mit.

Ich denke bis heute gerne an Astrid und wünsche ihr ein erfülltes Leben. Ich traf sie nicht wieder. Meiner Karnevalsprinzessin Jutta aus Braunschweig schrieb ich mehrfach. Sie erzählte mir ihr Leben, in dem ich nicht beteiligt war. Auch sie sah ich nicht wieder. Das vielfältige Tagesgeschehen im Studium und die räumliche Distanz sorgten für ein sich aus den Augen verlieren.

Meine Eltern Margot und Harry auf einem Spaziergang am Rande des Odenwaldes, 1977

Die siebziger Jahre

Die siebziger Jahre gelten ähnlich der „Sechziger" als eine Zeit der Veränderungen, der Krisen und Umbrüche (vgl. Wikipedia); die sechziger Jahre finden kontinuierlich ihre Fortsetzung. Bundeskanzler Willy Brandt kniete spontan bei einem Staatsbesuch in Polen vor dem Ehrenmal für die Toten des Warschauer Ghettos und bat Polen für die schrecklichen Ereignisse des 2. Weltkriegs um Verzeihung. Die Oder-Neiße Grenze wurde durch die Bundesrepublik Deutschland anerkannt.

Während der Olympischen Sommerspiele 1972 in München ereignete sich eine Geiselnahme der israelischen Sportler, bei der alle Opfer getötet wurden. Willy Brandt trat 1974 von seinem Amt als Bundeskanzlers zurück. Ein Grund war sein persönlicher Referent Günter Guillaume, der als ein Agent der DDR enttarnt wurde. Aus Anlass eines arabisch-israelischen Krieges und einer daraus folgenden Ölkrise wurden autofreie Sonntage eingeführt. Der Vietnamkrieg endete 1975. Die Gemeindereform reduzierte in Deutschland die Anzahl der Gemeinden um zwei Drittel.

Hippies behaupteten sich wie in den sechziger Jahren. Ende der 70-er entsteht die Partei „Die Grünen" und der polnische Kardinal Karol Wojtyla wurde zum Papst gewählt. Kulturhistorisch beeindruckten die Filme „Apokalypse Now", die „Unheimliche Begegnung der dritten Art", „Harold and Maude" und „Wenn die Gondeln Trauer tragen". Der Aufbruch in der Gesellschaft setzt sich fort, Tradition wird auch im Deutschen Bundestag in Frage gestellt, als Abgeordnete der Grünen sich in Pullovern und Turnschuhen bewegen und strickend den Reden ihrer Kollegen folgten. Im Fernsehen läuft der Film „Angst essen Seele auf" und im Kino demonstriert „Der Pate" seine kriminelle Fantasie und die nicht enden wollende Gewalt.

Die Musikszene wird durch Abba, Fleetwood Mac, Led Zeppelin, Queen und die Rolling Stones geprägt; jeder der Interpreten repräsentiert einen musikalischen Meilenstein. Die bekannteste Rock- und Popband der Geschichte löste sich 1970 auf: die Beatles, die wie keine andere Musikgruppe in der Vergangenheit einen revolutionären Musikstil pflegte.

Exkursion und Diplomarbeit

Die Karnevalstage waren geschafft, der Alltag hatte uns wieder, mit dem Unterschied, dass ich jetzt mit Constanze befreundet war. Sie studierte für das Lehramt der Sekundarstufe II Biologie und Philosophie. Eine ungewöhnliche Fächerkombination, aber während des Studiums wurde nicht lange darüber nachgedacht, ob das nun die richtige Wahl für ein Lehrerdasein nach dem Studium ist. Das Studium bis zum Ende fortzusetzen war unstrittig. Wenn es danach Probleme gab, mussten sie gelöst werden, egal mit welchen Fächern der Referendardienst in Angriff genommen wurde. In der Geografie gab es die Problematik nach dem Studium eine Stelle zu finden. Es war sinnvoll hierfür im Studium Praktikas zu finden, die auf ein Berufsleben als Geograf vorbereiteten. Ich versuchte beim Landschaftsverband Rheinland in Köln und in der Bundesforschungsanstalt für Raumordnung in Bonn Bad Godesberg eine Praktikantenstelle zu erhalten, was mir gelungen war. Kontakt mit Mitarbeitern aufzubauen, die auch Geografie studierten, schien eine Perspektive zu sein, sich nach dem Studium dort bewerben zu können. Das hatte ich versucht, leider vergebens, obwohl ich nach meinem Studium einen Vortrag im Landschaftsverband Rheinland über meine Diplomarbeit hielt und die Thematik auf großes Interesse stieß. Es gab Anfang der achtziger Jahre leider keine Stellen im gehobenen öffentlichen Dienst. Wenn der seltene Fall einer offenen Stelle eintrat, bewarben sich mehrere hundert Kandidaten. Hier unter die letzten vier zu kommen, die zu einem Gespräch geladen wurden, war ein glücklicher Zufall, denn ca. 30-50 Bewerber wiesen eine gleich gute Qualifikation auf. Die einzige Chance bestand darin, sich immer wieder zu bewerben und eine Zusatzqualifikation abzuschließen. Ich entschied mich noch während meines Studiums eine EDV-Ausbildung zu beginnen. Eine Ausbildung zum Programmierer wurde von der Deutschen Angestellten- Akademie angeboten. Sie fand samstags vormittags statt. Nach zwei Jahren Ausbildung bestand ich die Prüfung vor der IHK Bonn mit „sehr gut" und legte eine Kopie mit zu den Bewerbungsunterlagen. Leider half das Zeugnis nicht. Ich musste mir Alternativen zu Bewerbungen überlegen. Noch schob ich das Problem, eine Stelle in der Geografie außerhalb der Universität zu finden, vor mich her. Das würde ich nach meinem Studium schon in den Griff bekommen. So stürzte ich mich weiterhin fleißig in die Arbeit des Hauptstudiums, in Oberseminare, eine „Große Exkursion" ins Ausland und als Highlight eine Diplomarbeit. Während des Studiums beschäftigte ich mich mit Statistik und dem statistischen Programmsystem SPSS (Statistical Package for the Social Sciences). Hierzu mussten die Studenten in das Rechenzentrum fahren und einen codierten „Job" auf gestanzten Lochkarten abgeben, der nach einer Woche Wartezeit codiert war, aber auch die Fehler anzeigte. Oft dauerte es mehrere Wochen, bis ein Job ohne Fehler im RZ (Rechenzentrum) durchlief. Im Vergleich zur heutigen Zeit mit fast unbegrenztem Arbeitsspeicher für Laptops zu Lochkarten lagen Welten. Für meine Diplomarbeit schwebte mir auch der Einsatz von SPSS vor, aber der Weg dorthin war mir völlig unklar. Wie sollte ich ein klassisches, geografisches Thema mit dem Stand der damaligen IT verbinden? Dieses Problem hatte mich lange beschäftigt. Die Zeit der geografischen Informationssysteme war aber noch nicht so weit entwickelt, um sie in einer Diplomarbeit verwenden zu können.

Ende der siebziger Jahre meldete ich mich für die „Große Exkursion" in die Ostalpen an. Sie fand in den ersten beiden Septemberwochen statt. Jeder Teilnehmer musste zuvor ein geografisches Thema ausarbeiten, dass vor Ort besprochen werden sollte. Tagsüber wurde fleißig gearbeitet und nach dem Abendessen gefeiert, sei es mit Karten gespielt, oder Gesellschaftsspiele organisiert. Wir hatten viel Spaß, dabei spielte der Alkoholkonsum der Teilnehmer keine Rolle. Am nächsten Morgen ging es ab 8:00 Uhr weiter im festgelegten Ablauf Geografie zu erleben. Den ganzen Tag wurden im Gelände Referate besprochen und dem Professor gefolgt, bis zum Abend. Das Wetter zeigte sich von seiner besten

Seite. In den Ostalpen wanderten wir im T-Shirt zu einem Gletscher und gingen abends ins Hotelschwimmbad. Der Professor war bei Freizeitbeschäftigungen immer mit dabei. Wir erlebten eine intensive Zeit, in der wir viel gesehen und gelernt hatten und ausgiebig den Feierabend genossen. Aber nach 14 Tagen Exkursion holte uns der Alltag in Bonn wieder ein, für den ich einige Tage benötigte, um wieder einen normalen Studentenrhythmus zu finden. Die Euphorie der Exkursion war verflogen.

Mit meinem Studienkollegen besuchte ich ein Oberseminar, das am Nachmittag stattfand, nicht ohne vorher mit ihm zusammen in eine Sauna zu gehen. Die Nebenfächer deckte ich durch Vorlesungen und Fachseminare ab. Ich trug die Voraussetzungen zusammen, um mein Diplom „bauen" zu können, wobei der Hauptteil in der Diplomarbeit steckte, die ich vorbereitete.

Vor der Anmeldung meiner Arbeit musste ich noch eine geologische Kartierung absolvieren, die ich mit einem sehr fähigen Studenten zusammen begann.

Ich fuhr im Frühjahr 1980 eine Woche in die Südpfalz, in den Raum Albersweiler. Wir kartierten den lokalen Buntsandstein. Der Direktor des Geologischen Instituts der Uni Bonn leitete mit seinem besten Dozenten die Veranstaltung und erteilte uns die Aufgabe – eher nebenbei – Nachweise für das Zechsteinmeer zu finden. Wir waren eifrig bei der Sache und suchten violetten Ton des Zechsteinmeeres zwischen dem hunderte von Metern mächtigen Buntsandstein. Wie es der Zufall wollte entdeckten mein Kollege und ich am Wegesrand eine fünf Zentimeter mächtige Tonerde Schicht, die leicht violett schimmerte, was wir abends unserem Leiter mitteilten, der sofort schwärmte, jetzt in dieser Region das Zechsteinmeer nachweisen zu können. Wir waren stolz das seltene Sediment aus dieser Zeit gefunden zu haben und gingen beschwingter tagsüber unserer Arbeit nach. Dazu gehörte es, ab und zu eine kleine Bodenbohrung vorzunehmen. Wir trugen die Gerätschaften immer bei uns, wobei wir ihnen Namen gaben, die uns halfen, die Lasten erträglicher zu empfinden. Für das schwerste Teil, den „Big Wu" Hammer, wechselten wir uns beim Tragen ab und freuten uns auf den Feierabend, den wir bei einem Glas Müller Thurgau Wein im Hotel verbrachten.

Das Studentenleben war während einer Exkursion oder Kartierung klar geregelt: Tagsüber bemühte sich jeder um seinen Job und abends entspannte man sich bei einem Glas. Viel mehr geschah nicht. Wenn Probleme auf dem Tisch lagen, wurde ein Termin vereinbart und die Schwierigkeiten auf die Zeit nach der Exkursion verschoben. Mit einem „freien" Kopf lässt sich besser agieren, als Probleme unterschiedlichster Art direkt mit sich umher zu tragen, sie lösen zu wollen oder etwas anderes zu erledigen, als die eigentliche Arbeit.

Ich hatte keinen Druck, da ich mich zeitlich in der Normalität für ein Geografiestudium bewegte. Endlich war es so weit: Ich klinkte mich aus dem Vorlesungsbetrieb aus, suchte mir ein Thema für die Diplomarbeit und erhielt einen Termin bei meinem Betreuer. Wir besprachen das Thema und verabschiedeten uns. Klar war, eine selbstständig verfasste Arbeit zu erstellen, die geografische Sachverhalte in ein neues Licht rücken sollte. Die IT in der Arbeit zu verwenden, hatte ich verworfen, aber das nicht meinem Betreuer mitgeteilt. Meinen Professor sah ich erst ein Jahr später, 2 Tage vor der Abgabe der Arbeit wieder, denn das selbstständige Arbeiten hatte ich wörtlich genommen und alle Schwierigkeiten und Probleme selber gelöst. Dankenswerterweise besprachen wir das Thema, das ich bearbeitet hatte und bekam keine Probleme mit dem Thema. Bis zur Fertigstellung lag ein hartes Stück Arbeit vor mir. Ich saß konsequent ein Jahr jeden Tag um 9:00 Uhr am Schreibtisch, beschaffte Literatur, kaufte Kartenmaterial und fuhr dafür morgens früh ab halb fünf in Bonn Brötchen aus. Ich unternahm keinen Urlaub und gönnte mir nur ab und zu eine Verschnaufpause. Nach einem halben Jahr wurde ich von heftigen Schmerzen im Unterleib geplagt, bis mir ein Urologe sagte, ich müsste kürzer treten. Während meiner Arbeit legte ich jetzt öfters Pausen ein und bereitete mir regelmäßig ein Essen zu oder ging in die Mensa. Allmählich verschwanden die Schmerzen. Ich lebte mit Constanze zusammen in einer kleinen Wohnung in der Südstadt. Die Wohnung bestand aus 2 Zimmern, einem kleinen Flur und einer Toilette. Jeder hatte seinen Arbeitsbereich. Constanzes Zimmer war gleichzeitig das Schlafzimmer, während mein Arbeitsbereich auch einer Küche entsprach, in der eine Dusche und eine Waschmaschine standen. Wir waren beide beschäftigt und die engen Platzverhältnisse der Wohnung störten uns nicht, obwohl wir jeden Abend ein Schlafsofa als Bett aufbauen mussten. Die Wohnung lag zum Garten des Hauses hin, ruhig und beschaulich. Wir fühlten uns wohl und blieben dort drei Jahre, bis Stefanie geboren wurde.

Meine Diplomarbeit gab ich im Sommer 1981 im Geografischen Institut ab. Es mussten zwei Exemplare sein. Das bedeutete zwei Mal alle farbige Karten per Hand zu erstellen, was besonders viel Mühe kostete. Meine Erleichterung, den Termin der Abgabe geschafft und das Thema korrigiert zu haben, war groß. Nachdem ich meine Arbeit im Landschaftsverband Rheinland in Köln vorgestellt hatte, war ich wochenlang unfähig irgend eine sinnvolle Beschäftigung auszuführen. Ich ließ mich treiben und lebte in den Tag hinein. Bald würde ich für meine mündliche Abschlussprüfung lernen, aber bis dahin nahm ich mir Urlaub zu Hause.

Die mündlichen Prüfungen umfassten die Nebenfächer und die Geografie. Es war klar immer nur ausschnittsweise lernen zu können. Der Student hatte zur Vorbereitung bestimmte Bücher gelesen, niemand konnte sich lückenlos durcharbeiten.

Das Prinzip: „Mut zur Lücke" gilt eigentlich für alle Arten von Prüfungen. Wenn aber das Pensum im Studium erfüllt war und im Laufe der Jahre fleißig gearbeitet wurde, musste man sich vor der Prüfung keine großen Sorgen machen, vorausgesetzt es wird fair gefragt. Davon durfte ich ausgehen. Meine Prüfungstermine fanden im Januar und Februar 1982 statt. In allen drei Prüfungsfächern wurde sehr fair mit mir verfahren. Im Fach Meteorologie schaffte ich ein „gut", die Geologie Prüfung beendete ich mit einer „sehr gut minus" und in der Geografie erreichte ich eine „gut minus". Meinem Prüfer gefiel meine Diplomarbeit sehr gut. Er hatte sie mit großer Freude gelesen, was er mir nach der Prüfung mitteilte. Sie wurde mit einem „gut plus" bewertet. Die viele Arbeit dafür war aus Prüfungssicht nicht umsonst. Leider stellte sich bei Bewerbungen außerhalb der Universität nach dem Studium heraus, dass kein Interesse in der Praxis für meine Diplomarbeit bestand, oder ein Interesse für eine Einladung zu einem Gespräch vorhanden war. Trotz der vielen Arbeit während des Studiums, guter Noten und Zusatzqualifikationen hatte ich keine Chance auf eine Stelle außerhalb der Universität, was ich resignierend zur Kenntnis nahm.

Universitätsarbeit

Nach meinem Diplom wurde mir eine befristete Stelle des Deutschen Verbandes für Wasserwirtschaft und Kulturbau in Bonn angeboten, was ich annahm, aber halbherzig erledigte, da meine eigentliche Tätigkeit aus Büroarbeiten bestand, die mit Geografie nur wenig zu tun hatte. Generell galt das Prinzip eine Arbeit außerhalb der Universität zu finden. Sekundär war die Relevanz zur Geografie. Je mehr die Fachseite gefordert war, desto größer die Zufriedenheit mit der Stelle. Bei dieser Arbeit prüfte ich Reisekostenabrechnungen. Die Stelle wurde kurzfristig unbefristet ausgeschrieben und vom Chef des Verbandes entschieden, wer sie erhalten würde. Es kam zu einem Gespräch mit der Leitung, aber der vorsitzende Ingenieur hatte eine Aversion gegen Geografen, was dazu führte, dass ich die Stelle nicht erhielt. Ich wurde nach einem halben Jahr entlassen. Langfristig gut, eine nicht Geografen Stelle erhalten zu haben, schlecht für die Versorgung der Familie und meinen Lebenslauf. Die Versorgung übernahm Constanze nach ihrem ersten Staatsexamen mit ihrer Referendariat Stelle. Sie musste in einer Schule in Bonn arbeiten. Ich nahm mir die Zeit, sie zu unterstützen und Stefanie zu betreuen, die am 26. Mai 1982 geboren wurde. Wir verließen die kleine Wohnung in der Südstadt, in der wir eine schöne Zeit verbrachten und zogen in eine Vorstadt von Bonn in eine größere Wohnung, in der Stefanie die Hauptrolle spielte. Ich brachte sie morgens zu einer Kinderfrau im Ort, um bis mittags im Geografischen Institut als wissenschaftliche Hilfskraft in der Diasammlung zu arbeiten. Die halbe Stelle bei den Geografen verdankte ich einem Kollegen, der mein Vorgänger war und meine soziale Situation kannte. Er war ein hervorragender Student, der von meinem Professor, bei dem ich meine Prüfung ablegte, gefördert wurde. Bei der Neubesetzung der wissenschaftlichen Hilfskraftstelle legte er ein gutes Wort mit Erfolg für mich ein. Ich fuhr jeden Vormittag mit dem Fahrrad zu den Geografen und bewarb mich weiterhin für eine Stelle außerhalb der Universität. Die Chance zu promovieren, überlegte ich mir, aber die Betreuung Stefanies und die Hilfe für Constanze forderten viel Zeit und Energie. Ich konnte mich nicht auf ein Thema einer Promotion konzentrieren und ließ diesen Plan bald wieder fallen.

Mein Arbeitstag startete mit der Fahrt zur Kinderfrau von Stefanie in dem Ort, wo wir wohnten. Gegen Mittag holte ich meine Tochter wieder ab und bereitete ein Mittagessen. Ich ging häuslichen Pflichten nach: einkaufen, putzen, waschen, spazieren gehen und meine Hausaufgaben für Samstag erledigen, wenn ich zur Fortbildung fuhr. Zwischendurch schrieb ich eine Bewerbung, manches Mal mit einem Schuss Galgenhumor, denn die Arbeit dafür war vergebene Mühe, da meine Bewerbungen wieder zurückkamen. Abends saßen wir vor der Schreibmaschine und tippten Constanzes Lehrpläne, die sich inhaltlich wiederholten, aber zur Pflicht der Vorbereitung des Unterrichts gehörten. Es wurde spät, bevor wir zur Ruhe kamen; die Routinen des Alltags holten uns ein. Der Vorteil ergab sich aus der Situation Lohn und Gehalt zu empfangen, was für meine Geografiefreunde noch lange nicht selbstverständlich war. Wir richteten uns ein, kauften gebrauchte Möbel und strichen zum Teil die Zimmer.

Der frühe freundliche Kontakt zum Vermieter entwickelte sich negativ. Aus „Guten Tag" wurde Schweigen und Kopfschütteln, wenn man sich auf der Straße begegnete. Die Stieftochter stieg in den Vorgarten unseres Mietshauses, rupfte Unkraut, um es uns vor unsere Haustüre zu legen. Der Sohn des Vermieters war Jurist und schrieb uns zu Weihnachten eine Abmahnung, wir sollten doch bitte nicht Wäsche in der Wohnung trocknen, was seine Mutter angeblich beobachten konnte. Bei Fortsetzung unserer schändlichen Taten würde der Vermieter auf unsere Kosten eine Renovierung einleiten. Ein Wort gab das andere, bis zu einem Termin im Landgericht Bonn. Hier ging es um die Kosten des Schadens in der Wohnung, der bereits vor unserem Einzug existierte. Jede Streitpartei rief Zeugen auf, die Positionen waren so klar wie die Preise auf einem arabischen Jahrmarkt. Der Rechtsvertreter der Gegenpartei überlegte sich ein Vergleichsangebot. Als dem Richter das Angebot unterbreitet wurde, kam es zur Entscheidung, dass der Vermieter 70 % und der Mieter 30 % der Kosten der Renovierung tragen muss. „Jetzt ist die Zeit für ein Mittagessen gekommen. Besser nicht Auf Wiedersehen!", sprach der Richter. Wir trugen ein Teil der Kosten für eine Reparatur, für die wir nicht verantwortlich waren.

Am Wochenende gingen wir spazieren, bepackt mit allem, was ein Baby benötigt. Wir schafften 6 Wochen nach der Geburt, dass Stefanie nachts nur eine Esspause forderte. Sie zeigte sich als ein ruhiges Kind. Wir nahmen es im Kinderwagenteil zum Essen mit, und sie rührte sich nicht. Anfänglich sprach sie nicht viel, um knapp 2 Jahre alt, gleich ganze Sätze von sich zu geben: „Aber die Pelle kann man doch nicht mitessen", sagte sie plötzlich während eines Grillens im Garten. Sie hörte schon früh Hörspielkassetten und liebte das Vorlesen. Später beim Lesen eines Asterix-Heftes mit ihr, hatten wir unsere Freude mit dem Legionär „Haud-raufundschluss", der seinem Namen alle Ehre machte.

An Wochenenden unternahmen wir Ausflüge. Um einem Besu-cheransturm zu entgehen, waren wir zur Mittagszeit bis zum Nachmittag unterwegs. Danach anschließend kochten wir zu Hause. Das Siebengebirge und die nähere Umgebung wurde er-kundet. Wir besuchten Spielplätze und Konzerte regionaler Mu-sikgruppen. Stefanie war immer dabei. Als sie älter wurde, gingen wir auch ohne ihre Mutter spazieren und freuten uns über eine ergrünte Landschaft im Frühling.

Einen Traumjob füllte ich nicht aus, aber mit Constanzes Referen-dariat kamen wir auch finanziell zu recht, sogar einen gebrauch-ten Kleinwagen konnten wir uns leisten. Ich hatte überhaupt keine Ahnung von Fahrzeugen, trotz eines LKW Führerscheins. Ich ließ mich verleiten einen Wagen zu kaufen, der aus alten Au-toteilen zusammengebastelt und deren Haltbarkeit völlig unge-wiss war. Auf einer langsamen Fahrt zu meiner Familie rächte sich meine Naivität. Völlig unvermittelt fiel das rechte Vorderrad ab und ließ mich alleine schimpfend an der Straße stehen. Ich hatte Glück, langsam gefahren zu sein. Bald wurde das Auto in die Werkstatt abgeschleppt, von der ich das Fahrzeug erwarb.

Es kam der Tag mit Prüfungen des 2. Staatsexamens für Constanze. Die Prüfungen zogen sich hin. Ich wartete ungeduldig auf eine Nachricht, die dann plötzlich kam: durchgefallen. An-fänglich waren wir geschockt, finanziell betrachtet erhielten wir durch die Wiederholung des Referendariats noch 8 Monate Geld vom Staat. Unser organisiertes Leben setzte sich fort, mehr war eigentlich nicht geschehen. Der 2. Versuch der Prüfungen zog sich ebenso langwierig hin, als das Ergebnis bekannt wurde: mit der Note „ausreichend" bestanden. Die Mühe hatte sich gelohnt, so dachten wir. Wenig später stellte sich heraus, dass aber mit dieser Fächerkombination sich niemand im Schuldienst bewerben konnte. Erst in 10 Jahren wieder, räumliche Mobilität vorausgesetzt. Die Tatsache war ein größerer Schock als ein nicht bestandenes Examen. Wenn man bereit war in einen strukturschwachen Bereich umzuziehen, so würde sich eine Chance auf eine Bewerbung ergeben. Aber dazu waren wir nicht in der Lage und entschieden uns im Raum Bonn zu bleiben. Die Konsequenz war, ich musste eine Stelle finden, die Familie zu ernähren. Hier stand uns das Glück zur Seite. Es gab die Chance an einer Umschulung des Arbeitsamtes teilzunehmen. Das Arbeitsamt bezahlte den Kurs und die Lebenshaltungskosten, wenn mindestens ein Jahr sozialversicherungspflichtig gearbeitet wurde. Vor Beginn der Umschulung zum „Organisationsprogrammierer mit Betriebswirtschaft" suchte mein Professor, bei dem ich mein Diplom ablegte, für ein Jahr einen wissenschaftlichen Mitarbeiter. Der Student, den der Professor in der Regel unterstützte, schrieb seine Promotion und fand keine Zeit. Ich bewarb mich und erhielt den Zuschlag für die volle Stelle an der Universität Bonn. Es wirkte wie eine Inszenierung. Ich musste ein Jahr eine volle Stelle nachweisen – und schon war sie da. Zurückblickend hatte sich mein Fleiß und Engagement im Geografiestudium gelohnt, denn meine war nicht die einzige Bewerbung.

Mein Professor erwähnte vor Beginn der Arbeit zwei Bereiche, die zu seinen Arbeitsgebieten gehörten und mit denen ich mich beschäftigen müsste, zusätzlich zu Seminaren, die für das Grundstudium abzuhalten wären. Allein die Vorbereitung der Seminare, deren Durchführung und Nachbereitung bedeuteten einen Vollzeitjob, der mir großen Spaß bereitete. Ich verdrängte die Aufgabengebiete von denen mein Mentor noch sprach. Die Arbeit für die Seminare faszinierte mich. Bis eines Tages der Professor mich zum Stand der Arbeit seiner Aufgabengebiete ansprach. Ich sagte ihm, eine Bearbeitung sei im Zuge der Erledigung der Seminararbeiten nicht möglich, was ihn verärgerte. Wir einigten uns, nur eine Sache für ihn zu erarbeiten, was ich in Nachtarbeit durchführte. Mein Fehler war, ihn nicht früher informiert zu haben, dass zeitliche Probleme bei der Erledigung der Stelle aufgetreten sind. Nach dem einen Jahr als wissenschaftlicher Mitarbeiter erhielt ich von meinem Professor ein schlechtes Zeugnis. Damit konnte ich mich nicht bewerben und bat ihn, bestimmte Punkte des Zeugnisses zu ändern, was er auch vornahm. Eine negative Stimmung blieb erhalten und legte sich wie Mantel um meine Arbeit im Institut. Ich arbeitete viel und lange, hatte Erfolg mit meinen Seminaren, aber im Arbeitszeugnis stand davon wenig. Was für mich blieb war das eine Jahr versicherungspflichtig gearbeitet zu haben.

Nach unendlich langen Diskussionen, über einhundert Bewerbungen, vergeblichen Jobs und Fortbildungen im IT-Bereich entschied ich mich für eine Umschulung. Ich war 32 Jahre alt und fand mich in einer Umschulungsklasse wieder, in der ich einer unter vielen im gleichen Alter war. Mein Studienfreund Joachim traf die gleiche Entscheidung für einen Neuanfang. Wir gingen in die selbe Klasse. Ein Trost für zehn Jahre vergeblichen Bemühens in seinem Fachgebiet außerhalb der Universität Fuß zu fassen.

Umschulung und die erste Stelle

Nachdem ich die Voraussetzungen für eine Teilnahme einer vom Arbeitsamt bezahlten Umschulungsmaßnahme erfüllte und einen bestandenen IT-Eignungstest vorlegen konnte, begann die Maßnahme im Frühjahr 1986 ganz in der Nähe des Geografischen Instituts. Meinen Freund Joachim überzeugte ich nach langen Gesprächen an der Schulung teilzunehmen und sich ebenfalls anzumelden, denn wir hatten ein Alter erreicht, in dem andere Firmen Mitarbeiter die ersten Gehaltserhöhungen feierten. Wir fühlten uns unter Druck; so viele Chancen für eine Berufsausbildung werden wir nicht mehr erhalten. Entsprechend strengten wir uns an, trafen uns am Nachmittag, um zu lernen und erhielten bei Multiple Choice Tests meist gute Noten. Die Atmosphäre in der Ausbildung war verschult, die Empfindlichkeit hoch. Kritik der Dozenten wurde wenig akzeptiert, nicht nur bei weiblichen Teilnehmern flossen direkt Tränen, wenn der Dozent, der vielleicht gerade eine Ausbildung zum Programmierer abgeschlossen hatte und erstmalig vor einer Klasse stand, stur seinen „Stiefel" durchzog. Ab und zu wirkte unser Klassenlehrer überfordert, was durch einen Wechsel der Fachdozenten abgeschwächt wurde. Die Qualität der Unterrichtenden war sehr unterschiedlich. In der Betriebswirtschaftslehre paukten die Umschüler in sechs Wochen den „Wöhe" (Standardwerk für Studenten der Betriebswirtschaftslehre der Universität) durch. Den Dozenten interessierte es nicht, ob seine Schüler etwas verstanden oder nicht. In regelmäßigen Abständen wurde das erlernte Wissen abgefragt. Jeder Teilbereich der Ausbildung fand einen anderen Dozenten. Ein roter Faden in der Ausbildung ließ sich nicht erkennen.

Ein Praktikum in einer Firma fand nicht statt, was aber eine wertvolle Erfahrung für Lehrlinge, wie wir es waren, gewesen wäre. Eine Stelle als Organisationsprogrammierer auszufüllen, dazu waren wir nach über einem Jahr Vollzeitausbildung nicht in der

Lage – eine bittere Erfahrung, die ich akzeptieren musste, als ich in Süddeutschland eine Stelle begann. Es gab in der Ausbildung in Bonn keine Abschlussprüfung, so konnte bei einem vorliegenden Arbeitsangebot der Kandidat ohne größere Versäumnisse gehen. Ich hatte das Glück, dass mein Vater über ein Softwareunternehmen seine Buchhaltung erneuerte und erfuhr, dass in einem IT-Unternehmen Nachwuchskräfte gesucht wurden. Ich bewarb mich als Programmierer und wurde von dem Softwarehaus eingestellt, zwei Monate vor dem Ende meiner Ausbildung. Eine jahrelange Ausbildung an einem Wochenendtag und eine eineinhalbjährige Vollzeitausbildung reichten nicht aus, um auf dem Arbeitsmarkt konkurrenzfähig zu sein und den Anforderungen des Arbeitsmarktes zu genügen. Eine Erkenntnis, die ich nach über einem Jahr Arbeit in dem Softwareunternehmen erwarb, dem ich nach der Probezeit wahrscheinlich nur wegen meines Vaters angehörte, der mit verantwortlich diese Firma für eine Neuinstallation der Buchhaltungssoftware beauftragte.

Nach einem halben Jahr Fahrt an Wochenenden von Bonn nach Ettlingenweier zu meinem Arbeitsplatz zog ich mit meiner Familie nach Stutensee-Blankenloch, nahe Karlsruhe. Wir fanden einen normalen Kontakt zu Nachbarn des Ortes mit der Einschränkung anfänglich den Dialekt nicht recht zu verstehen und mit der Mentalität der Leute wenig umgehen zu können. Nachdem ich in den heimatlichen Tischtennisverein eingetreten war, ergab sich ein offenerer Kontakt. Stefanie ging in den Kindergarten und später in die Grundschule des Ortes, sie hatte keine Probleme mit gleichaltrigen Freunden. Es schien alles organisiert zu sein – ich fuhr zur Arbeit, Stefanie besuchte den Kindergarten und Constanze versorgte den Haushalt. Nach einem Jahr Arbeit im Softwarehaus kam ich nicht gut zurecht. Ich schrieb kleinere Programme und lernte von meinem Kollegen mehr schlecht als recht die Fachseite „Lohn und Gehalt" kennen. Er war darin ein alter Hase. Aber ich fühlte mich fachlich überfordert, besonders, wenn ich alleine zum Kunden fuhr. Ich war ein ganz passabler Geograf und studierte nicht den Lohnsteuerabzug einer Lohn- und Gehaltsabrechnung. Mit schlechtem Gewissen berechnete meine Firma die Kosten, die beim Kunden für mich fällig wurden. Für die Firma, in der ich tätig war, offenbarte sich die Gewissheit, einen falschen Mann eingestellt zu haben. Die IT erlernte ich, aber die Fachseite Lohn und Gehalt war für mich ein Buch mit sieben Siegeln. Niemand sagte es, aber alle ahnten es: Ich sollte mir einen anderen Job suchen, was ich auch tat, denn privat gab es noch ein Problem. Unserer Familie wurde wegen Eigenbedarfs die Wohnung gekündigt. Nach Rücksprache mit einem Rechtsanwalt, der offen sagte, die Chancen liegen bei 50 % zu gewinnen und der Wohnraumkündigung erfolgreich zu widersprechen, entschloss ich mich - nach drei Jahren im IT Unternehmen - wieder nach Bonn zurück zu gehen. Ich abonnierte die lokale Presse aus Bonn und schaute mir die Stellengebote an. Lange hat es nicht gedauert, bis ich eine erfolgreiche Bewerbung schreiben konnte: Ich wurde neuer Mitarbeiter eines Bonner Softwareunternehmens. Nachdem ich mich freundschaftlich in der alten Firma in Ettlingenweier verabschiedet hatte, startete ich in Bonn mit dem gleichen fachlichen IT Know how, wie vorher, aber ohne fachlich den Lohn- und Gehaltssektor betreuen zu müssen. Wir waren wieder in Bonn, drei Jahre älter und einen großen Rucksack Erfahrungen reicher.

Die achtziger Jahre

Ende Dezember 1979 marschierten sowjetische Truppen in Afghanistan ein (vgl. Wikipedia), die „Grünen" werden in Österreich, der Schweiz und Deutschland gegründet und der Mount St. Helens in den USA explodierte mit außerordentlicher Heftigkeit (plinianisch). Die polnische Gewerkschaft Solidarnosc organisiert seinen Anfang in Danzig, Präsident Tito stirbt in Jugoslawien und leitet den Zerfall des Staates ein während beim politisch rechts radikal motivierten Oktoberfestattentat in München 12 Menschen ihr Leben verloren. Der Nato Doppel Beschluss setzt sich gegen die größte politische Demonstrationen in Deutschland durch, auf dem Platz des himmlischen Friedens in China wird der einige

Monate lang dauernde Studentenprotest in einem Massaker gewaltsam beendet. Ungarn öffnet den „Eisernen Vorhang" und die Berliner Mauer fällt unerwartet. Obwohl die Menschen der DDR im Vergleich zu anderen osteuropäischen Staaten gut lebten, setzt sich bis heute der Aufbau der Bundesländer im Osten weiter fort, aber die „blühenden Landschaften", die Helmut Kohl als Kanzler der Bundesrepublik Deutschland postulierte, lassen auf sich warten. Der Weg, die gleichen Lebensverhältnisse in Ost und West als raumordnungspolitisches Ziel zu schaffen, wird versucht zu gehen.

Auch wer es nicht benötigte, konnte sich einen Anrufbeantworter, eine Mikrowelle und einen Videorecorder leisten. Der Radiorecorder („Ghettoblaster") und ein Walkman trugen zur Kommunikation und Unterhaltung bei. Im Fernsehen etablierten sich Privatprogramme, deren Qualitäten bis heute zu wünschen übrig lassen (z. B. „Bauer sucht Frau") und sexistisch – unterbrochen alle dreißig Minuten durch Reklame für z. B. eine „Anti aging creme" – daher kommen. Der Tatort Kommissar der ARD, „Schimanski", prügelte sich in der Zwischenzeit mit einer Nato Jacke bekleidet durch die Sendung, nicht ohne rhetorisch mit knappen und derben Sätzen zu glänzen. Ausnahmen des bunten Treibens der Fernsehwelt stellten der mehrteilige Film „Das Boot" oder die Satire Sendung „Kir Royal" dar. Das Literarische Quartett wurde gegründet und polarisierte auf hohem Niveau. Im Kino klärte der Film „Rain Man" über das Leben von Autisten auf und der brutale Soldatenfilm „Platoon" rückte ein großes Problem des Kampfalltags der Amerikaner in Vietnam und deren Verantwortung in die richtige, eigene Richtung.

John Lennon wurde erschossen und Bob Marley verstarb. Aerobic fand einen Weg von den USA in deutsche Sportfabriken und Fitnessstudios. Der „Zauberwürfel", für Architekturstudenten entwickelt, um das räumliche Denkvermögen zu fördern, führte bei Nichtstudenten zu seltenen Erfolgserlebnissen. Die Worte „geil" und „cool" gingen in den jugendlichen Sprachgebrauch über.

Unruhige Jahre

Der Chef der Firma in Ettlingenweier und mein neuer Chef in Bonn kannten sich. Teile der Software aus Bonn wurden in Baden Württemberg verwandt, um Dokumentationen und Informationen zur Verfügung zu stellen. IT fachlich war ich in Bonn gut aufgestellt und fügte mich nahtlos in das neue Softwareunternehmen ein. Ein Vorteil der Unternehmung war die Hierarchielosigkeit. Es gab einen Gruppenleiter und einen Chef, alle anderen Mitarbeiter standen auf der gleichen Ebene.

Wir fanden eine Wohnung in St. Augustin Meindorf, die an der Flughafen Autobahn nach Köln gelegen war. Das ständige Rauschen hörte man bei geschlossenen Fenstern nicht, aber die Sommerabende auf dem Balkon waren bei Ostwind immer durch den Geräuschpegel des Verkehrs der Autobahn begleitet, auch wenn die Geräuschursachen einige hundert Meter entfernt lagen. Den Kompromiss des ständigen unterschwelligen Lärms sind wir eingegangen, aber die Wohnung war uns sicher. Stefanie meldeten wir in der Volksschule in Meindorf an. Sie fand direkt Kontakt zu Kindern in ihrer Klasse und aus der Nachbarschaft. Der Nachteil, hier im Ort nicht einkaufen zu können, wurde durch mein Auto ausgeglichen. Ein normales Familienleben entwickelte sich: Morgens ging ich aus dem Haus und fuhr zur Arbeit, Stefanie marschierte in die Grundschule und Constanze erledigte, wie in Stutensee-Blankenloch, Hausarbeiten. Am Montagabend spielte ich in der Mehrzweckhalle des Ortes Tischtennis, nicht nur um mich zu bewegen, auch um soziale Kontakte zu pflegen. Bis heute bin ich dem Verein treu geblieben, obwohl wir in dem Ort nicht mehr wohnen und engagierte mich ehrenamtlich jahrelang auf mehreren Positionen. Acht Jahre führte ich die Abteilung Tischtennis, was mir ohne die Unterstützung von erfahrenen Kollegen nicht gelungen wäre. Einiges Sporthistorisches blieb auf der Strecke, aber ich sagte die Wahrheit in einem freundlichen Ton und verschaffte mir dadurch Respekt.

Nach gut über einem Jahr in der Bonner Firma wurde ein IT-Mitarbeiter einer kleinen Tochterunternehmung meines Betriebs gesucht. Ich bekundete mein Interesse und erhielt die Stelle als IT-Projektleiter für den PC-Bereich, in dem ich mich nicht sicher fühlte. Grundlegendes Wissen erarbeitete ich mit meinem Studienkollegen Joachim und engagierte mich in meinem neuen Job. Mein neuer Chef erkannte meinen Eifer an und gab mir bald mehr Gehalt für die Arbeit im Sozialmarketing-Bereich. Ohne Zweifel ein neuer Berufszweig für mich und eine Chance beruflich aufzusteigen. Ich erkannte aber nicht die Problematik der sozialen Bedingungen einer kleinen Firma mit nur fünf Mitarbeitern und die Launen meines Chefs. Das erste halbe Jahr in der neuen Stelle verlief sehr gut. Nachdem ich aus einem herbstlichen Kurzurlaub zurückkehrte, war alles anders: Mein Chef änderte sein Verhalten mir gegenüber um 180 Grad. Er war plötzlich ungehalten, schaute auf jeden kleinen Fehler von mir, schrieb mir wegen einer Kleinigkeit eine Abmahnung und war nicht wieder zu erkennen. Ich wurde gekündigt, verhielt mich aber loyal der Firma gegenüber, wurde wieder eingestellt und der Vertrag erneut aufgehoben. Wir sahen uns vor Gericht wieder und mein Chef wurde verurteilt mir eine Entschädigung zu zahlen. Ich kenne bis heute nicht den Grund des Wechsels der Akzeptanz meines Chefs und verlor wichtige Jahre als Projektleiter IT und musste mich wieder neu bewerben. Ich versuchte flexibel zu sein und schrieb Bewerbungen, die nicht meinen Kenntnissen entsprachen. Mehr der Zufall wollte es, wieder Kontakt zu einer Tochterfirma zu erhalten, bei der ich meine ersten Erfahrungen als Programmierer sammelte. Ich wurde eingestellt und konnte wieder an meine ersten Arbeitsergebnisse aus der Zeit der Startfirma anknüpfen. Aber ich hatte nicht an einige Mitarbeiter der Firma gedacht, die - aus welchen Gründen auch immer – mir nicht wohl gesonnen waren. Es dauerte kein halbes Jahr und ich erhielt einen Aufhebungsvertrag.

Später erfuhr ich, dass sich ein Mitarbeiter über mich beschwert hatte, obwohl er sich mir gegenüber anders verhalten hatte. Erneut stand das Problem der Bewerbungen an. Ich fühlte mich niedergeschlagen. Nach einigen Misserfolgen ging ich zu einer Zeitarbeitsfirma, die mich mit Kusshand einstellte. Ich wurde dort gefragt, ob ich mir vorstellen könnte, auch für die Postbank Data zu arbeiten, was ich gerne bejahte, denn eine größere Firma hielt eine mögliche Einstellung offen und ließ einen Wechsel innerhalb der Firma bei Bedarf zu.

Ich verhielt mich zurückhaltend, war früh in der neuen Firma und nicht der Erste, der in den Feierabend ging. Bald lernte ich einen Kollegen kennen, der mich förderte und mit mir zusammenarbeitete. Es war eine Zeit des Beobachtens und des Abwartens, ob sich in der Tochterfirma der Postbank eine Stelle ergab. Mein Kollege sorgte dafür, dass ich meine Arbeit bei der Postbank Data, immer wenn es notwendig wurde, verlängerte. Aber nach acht Monaten lief die Zeit ab und ich wollte mich unbedingt für eine Stelle bei der mir sympathisch gewordenen Firma bewerben. Ich erarbeitete mir ein gutes Image, war gewissenhaft und erzielte gute Arbeitsergebnisse. Ein IT-Kollege sagte mir eines Tages am Telefon, es werde eine Stelle in der Auftragsabwicklung als lokaler Kundenbetreuer ausgeschrieben. Keine hoch dotierte Stelle, aber ein feste Tätigkeit in einem Team und ein möglicher Neuanfang. Ich bewarb mich und hatte Glück, denn der Personalchef war nicht anwesend und die Vertreterin sehr freundlich und kulant. Ich erhielt die Stelle und war sehr erleichtert. Die Zeit der Ungewissheit ging vorbei, eine Chance auf eine Weiterbewerbung für einen anderen Bereich in der Firma war nicht unmöglich.

Mein Kollege Franz arbeitete mich ein. Er war ein erfahrener Mitarbeiter, der sein Handwerk bestens kannte. Ich fühlte mich bald sicher und erledigte die Aufgabe selbstständig. Das Unternehmen wuchs. Es wurden neue Mitarbeiter eingestellt, auch in unserer Abteilung.

Die Aufgaben zu erledigen entsprachen denjenigen eines Sachbearbeiters, aber nachdem ich mehrere Misserfolge erfahren musste, freute ich mich auf meine Arbeit, sah mich aber inoffiziell nach anderen Stellen des Hauses um. Ich hatte Zeit, niemand übte einen Druck auf mich aus. Nach Jahren im Benutzerservice und der Auftragsabwicklung bewarb ich mich für die Betriebssteuerung als Softwareberater. Mit einem Kollegen aus Köln schaffte ich dort eine Anstellung und engagierte mich. Wir führten die neue Software ARIS (Architektur integrierter Informationssysteme) in die Postbank Data ein, mit der Unterstützung eines externen Beraters, mit dem wir uns gut verstanden.

Beruflich lief es für mich immer besser, privat zogen dunklere Wolken auf. Bald entluden sie sich in einem Gewitter mit weitreichenden Folgen für meine Familie.

Vater, Stefanie und Maxim

Stefanie fuhr, als sie vierzehn Jahre alt war, für eine Woche Urlaub zu Oma und Opa nach Otterndorf. Sie setzte die Tradition ihrer Familie fort, die seit sechzig Jahren das Kleinod im Norden besuchten. Die sehr gute Küche meiner Mutter und Vaters Schaffenskraft im häuslichen Garten und sein Humor gestalteten einen Besuch erholsam. Später zeigten sich bei meinem Vater Auflösungserscheinungen seiner Disziplin und Verschwiegenheit. Er erinnerte sich an seine frühe Jugendzeit, die ihn unmerklich beeinflusst hatte. Ihm entglitten Worte, die ich, als ich ein Junge war, niemals hörte. Stefanie berichtete über die Ausführungen ihres Großvaters ihren Eltern kein Wort. Mit meinen Geschwistern hat es keinen Austausch über das Verhalten meines Vaters gegeben. Später, im Laufe seiner wachsenden Untätigkeit im Laufe des Tages, nutzte mein Vater jede Gelegenheit, sich über vieles zu ereifern und über Gott und die Welt zu schimpfen, worüber - als er jünger war - nichts besprochen wurde. Es kam der Tag, an dem ich ihm bei einem Besuch heftig widersprach, mit dem Ergebnis, dass er sich bei mir entschuldigte.

Vaters Aufregungen legten sich als er an Krebs erkrankte. Er verstarb 2009 friedlich in seinem Haus. Leider fuhr ich zu spät von Bonn nach Otterndorf, um meinen Vater noch einmal lebend zu sehen. Als ich bei ihm zu Hause ankam, war er gerade verstorben.

Stefanie hatte ein anderes Problem, das ich erst später realisierte: Während ihrer Abwesenheit organisierten Constanze und ich für sie ein neues Jugendzimmer. Es war ein Kompromiss zwischen der Qualität echter Holzmöbel und dem Preis. Wir gaben uns alle Mühe im Sinne Stefanies zu handeln, sprachen aber vorher nicht mit ihr darüber. Als sie aus Otterndorf wieder kam und ihr neues Zimmer sah, sagte sie wenig und wirkte überrascht. Sie erwartete ihr Kinderzimmer, wurde aber räumlich in „kaltes Wasser" der Jugend geworfen.

Stefanie besuchte nach unserem Umzug in den Ort Stankt Augustin die örtliche Grundschule, wo sie freundlich aufgenommen wurde und direkt Freundinnen kennenlernte. Auch in der Straße unserer Wohnung lebten gleichaltrige Mädchen, die zusammen ihre Freizeit verbrachten. Besuche, Übernachtungen und gemeinsame Unternehmungen (z. B. Eislaufen im Rheinauen Park) waren an der Tagesordnung.

Immer wenn ich abends von der Arbeit nach Hause kam, fragte mich Stefanie: „Papa, hast du mir etwas mitgebracht?", was ich gerne vornahm. Sie mochte es, wenn ihr vorgelesen wurde. Abends habe ich ihr öfters aus dem Buch „Michel, aus Lönneberga" vorgelesen.

Ihr sprachliches Talent wurde in der Grundschule bemerkt, als sie frei und ohne Textvorlage eine initiierte Modenschau mit einem Mikrofon moderierte. Vielleicht hatten sich ihre oft gehörten Hörspielkassetten auf ihr Sprachvermögen positiv ausgewirkt. Für ihren Auftritt als Moderatorin und ihre freie Sprache wurde sie von Lehrern zurecht gelobt.

Stefanie absolvierte die mittlere Reife, ließ sich aber nicht von den Vorteilen einer Ausbildung überzeugen. Stattdessen arbeitete sie fleißig in einem ärztlichen Notdienst und als Küchenhilfe in einem traditionellen Gasthaus. Erfahrungen im Gastronomiebereich und ein gutes Zeugnis spielen eine größere Rolle, eine neue Anstellung zu erhalten, als eine in diesem Metier abgeschlossene Ausbildung.

Ich versuchte sie bei ihrem Weg zu unterstützen, soweit ich es finanziell vermochte, sei es bei Fahrten zur ihrer Arbeit oder durch Organisation eines Appartements für sie. Sie lernte während ihrer Arbeit ihren Mann kennen, der als Koch arbeitete. Mit ihm wollte sie nach Russland in seine Heimat mit dem Auto fahren, was aber in Polen endete. Es geschah ein Unfall und beide wurden in ein Krankenhaus in der Nähe von Posen transportiert und operiert. Nach drei Wochen Aufenthalt im Krankenhaus setzten sie ihre Reise nach Russland fort, notgedrungen mit dem Zug und vielen Tüten im Arm. Zu Constanzes und meiner Überraschung heirateten sie in Russland, was wir vor ihrer Reise nicht wussten. Stefanie war 18 Jahre alt, fand eine Anstellung, eine Wohnung und war verheiratet. Das hat in ihrer Verwandtschaft noch niemand geschafft.

Mein Enkel Maxim wurde 2011 in Bad Honnef geboren. Wir sind stolz auf die Eltern und das Kind, das prächtig heranwächst. Maxim besucht eine Ballettschule, singt im Kirchenchor, spielt in einem kleinen Circus mit und fordert seine Eltern von früh bis spät. Er ist ein guter Schüler, dessen Sprache für sein Alter ungewöhnlich vielseitig und präzise entwickelt ist, was er in erster Linie Stefanie verdankt.

Stefanie arbeitet seit Jahren im Bereich Service und Organisation in einem bekannten Café und Restaurant in Bad Honnef.

Doris, Wolfgang und meine Mutter

Meine Schwester Doris erhielt nach dem Abitur zunächst einen Studienplatz in Bonn für Sport und Geschichte für das Lehramt der Sekundarstufe I. Zusammen mit mir suchte sie ein Zimmer für sich, das wir in St. Augustin fanden. Sie studierte fleißig, fuhr aber donnerstags mit dem Zug nach Hamburg zu ihrem Freund Victor, den sie in Otterndorf auf dem Campingplatz am Deich kennen lernte. Nach zwei Semestern Studium in Bonn wechselte sie nach Lüneburg und setzte das Studium fort. Bald zogen Doris und Victor zusammen und wohnten in Hamburg-Harburg, nahe der Bundesbahn. Später kauften sie ein Haus in Harburg, das sie renovierten. Beide erzogen zwei Mädchen, die es auf eine Titelseite eines Buches aus der Region schafften.

Doris arbeitete als Lehrerin in Harburg und Victor als Kaufmann bei Esso. Beide wurden vorzeitig pensioniert, kauften sich ein Wohnmobil und sind seit der Zeit damit in ganz Europa unterwegs.

Mein Bruder Wolfgang studierte nach der Bundeswehrzeit (er wurde in zwei Jahren zum Leutnant der Reserve befördert) in Gießen Betriebswirtschaftslehre und wohnte mit seiner finnischen Freundin, die er als Soldat während der Kieler Woche kennen lernte, zusammen. Kaija studierte Englisch und Sport in Gießen. Wolfgang fand nach seinem Abschluss als Diplom-Kaufmann eine Stelle bei einer Treuhandgesellschaft und war später als Mitarbeiter bei Mercedes Benz beschäftigt. Nach Jahren, in denen er vielfältige Berufserfahrungen sammelte, zog er mit seiner Familie zuerst nach Seoul und anschließend nach Beijing. Die drei Kinder gingen in die deutsche Schule, Wolfgang fuhr zur Arbeit und Kaija arbeitete zunächst als Lehrerin in einer Schule. Nach über 10 Jahren in Asien kehrte er wieder mit seiner Familie nach Stuttgart zurück und wurde früh pensioniert. Er gründete eine Firma und bewarb sich als Interimsvorstand bei Rolls-Royce Deutschland in Friedrichshafen und erhielt die Stelle. Er hatte es geschafft: eine Karriere vom Diplom-Kaufmann bis zu einem von zwei Vorständen einer der renommiertesten Firmen in Europa.

Mein Urgroßvater war Schäfer, mein Großvater Lokomotivführer, mein Vater Bilanzbuchhalter und Wolfgang wurde Interimsvorstand. Eine Entwicklung, auf die nicht nur mein Bruder stolz sein kann!

Meine Mutter Margot fuhr, als sie achtzig Jahre alt wurde, mit mir in ihre alte Heimat Zempelburg (heute Sepolno). In ihrem Alter eine großartige Leistung. Manchmal war es spürbar, dass sie unter dem Verlust ihrer Heimat bis heute leidet. Meine Eltern verloren sie beide, und sie konnten sich nach Umzügen an ihr neues zu Hause nicht als Heimat gewöhnen, sei es in Heusenstamm, oder in Otterndorf.

Meine Mutter lebte nach dem Tod meines Vaters noch mehrere Jahre lang allein in ihrem Haus, kümmerte sich um das Haus, versorgte sich und ging mehreren Hobbys, wie Singen und Wassergymnastik nach. Sie wurde schwächer und zeigte Ansätze einer beginnenden Demenz, so dass wir entschieden, sie in ein Seniorenheim zu bringen. Das Altenheim liegt in der Nähe des Wohnorts meines Bruders, der sich persönlich um meine Mutter kümmern kann.

Sie wurde in diesem Jahr 90 Jahre alt und erlebte eine harmonische Geburtstagsfeier im Kreise ihrer Familie.

Die neunziger Jahre

Die neunziger Jahre waren geprägt von der Neuordnung der Welt nach dem Ende des Kalten Krieges und dem Zerfall der Sowjetunion. Weitere wichtige geopolitische Ereignisse waren die Deutsche Wiedervereinigung 1990, der zweite Golfkrieg, der Zerfall Jugoslawiens und die Jugoslawienkriege. Ende der neunziger Jahre beginnt nach ergebnisloser Verhandlung die NATO mit Luftangriffen auf die Bundesrepublik Jugoslawien. Der Kosovokrieg war ausgebrochen.

Die Tschechoslowakei löst sich auf und Deutschland erhält eine fünfstellige Postleitzahl. Schweden, Finnland und Österreich treten der EU bei. Lady Diana stirbt in Paris bei einem Autounfall. Nach der Bundestagswahl 1998 ist die Ära Helmut Kohl beendet. Nachfolger wird Gerhard Schröder. Im Jahre 1999 kommt Wladimier Putin an die Macht, der sie bis heute ausübt.

Das Internet wird durch das World Wide Web verbreitet, Internet Cafés entstehen. Computerspiele verbreiten sich und Farbkopierer kommen auf den Markt. Das Satellitenfernsehen setzt sich europaweit durch und im Kino laufen die Filme „Das Schweigen der Lämmer", „Independence day" und „Jurassic Park". Der Film „Schindlers Liste" verursacht eine erneute Diskussion über die Schuld von Deutschen bei der Vernichtung jüdischer Mitmenschen. Der deutsche Film „Go Trabi Go" zeigt auf humorvolle Weise Charakteristika des Alltags Lebens der ehemaligen DDR, während der Film „Titanic" einen Oskar als bester Film 1998 erhielt.

In der Musikszene werden Boy Groups populär wie nie zuvor und Guildo Horn vertritt Deutschland 1998 im Eurovision Song Contest. Falco verunglückt bei einem Autounfall in der Dominikanischen Republik tödlich; der Hip-Hop wächst zu einem weltweiten Phänomen heran. Die Deutsche Fußball Nationalmannschaft wird bei den Weltmeisterschaften 1990 in Italien Weltmeister, der Tennisspieler Pete Sampras spielt sich mehrfach zur Nummer eins der Tenniswelt und Jan Ullrich gewinnt 1997 die Tour de France. Er sorgte für ein steigendes Interesse am Radsport in Deutschland.

Im Abseits

Nach 10 Jahren Wohnzeit in St. Augustin zogen wir wieder um nach Bonn Vilich-Müldorf. Es war die Zeit, in der das Mietgesetz geändert wurde, was aber leider uns noch nicht betraf. Wir zahlten Doppelmieten an den vorherigen Vermieter und waren erleichtert, dass mein Bruder uns großherzig finanziell unterstützte. Es lohnte sich für uns. Die neue Wohnung war toll geschnitten, mit einem Gartenanteil zum Innenhof und lag nahe an der S-

Bahn. Die neue Wohnung strahlte eine besondere Atmosphäre aus, obwohl sie an einer normal befahrenen Straße gelegen war.

Leider färbte die freundliche, neue Umgebung nicht auf das Verhältnis zwischen Constanze und mir ab. Es kriselte. Wir gingen uns aus dem Weg, es gab keine Nähe mehr. Ich wollte die Situation ändern, fand aber nicht den Mut einen Schlussstrich in unserer Ehe zu ziehen. Der Zufall wollte es, eine Kollegin kennen zu lernen. Wir unterhielten uns lebhaft und verabredeten uns in einen Biergarten zu gehen. Ich besuchte Karola in ihrer Wohnung und verliebte mich in sie. Anfänglich hatte ich den Eindruck, sie erwiderte meine Gefühle, aber erst später realisierte ich, dass sie persönliche Probleme zu bewältigen versuchte. Ich war erschrocken und unfähig mit ihr darüber zu sprechen.

Meine Person erschien für sie zur rechten Zeit: Ich zeigte meine Gefühle wurde aber von ihr gebeten bestimmte Arbeiten und Dienste zu übernehmen, da sie nicht in Bonn arbeitete. Nach zwei Jahren der Beziehung mit Karola suchte ich eine Psychologin auf, um mein Problem mit der persönlichen Situation klären zu können.

Wir fuhren zusammen auf eine griechische Insel in den Urlaub und liehen uns Fahrräder aus, um an den Strand zu fahren. Alles funktionierte. Wir verlebten einen schönen Tag, bis auf die Rückfahrt. Ich hatte meinen Fahrradschlüssel verloren und musste die Leihstelle anrufen. Nach einer Stunde kam ein Mitarbeiter des Fahrradverleihs und befreite mein Fahrrad. Karola war sehr ungehalten, denn ich hatte ihr „eine Stunde in ihrem Leben" gestohlen. Am Abend wollte ich meine Koffer packen und nach Hause fahren, was ich letztendlich unterließ.

An einem Sommerabend im Biergarten mit Constanze erzählte ich von Karola. Meine Frau war gefasst, zeigte sich aber sehr emotional, als ich mich entschloss sie zu verlassen. Sie weinte und sprach mit mir herzerweichend, so dass ich tatsächlich überlegte, mich nicht von ihr zu trennen. Aber ich tat es und zog auch den

Zorn meiner erwachsenen Tochter auf mich. Beide fühlten sich betrogen und verletzt.

Weihnachten verabredeten wir uns in der neuen von mir organisierten kleinen Wohnung für Constanze. Meine Tochter und mein Schwiegersohn besuchten sie ebenfalls. Ich bereitete ein Essen für den Nachmittag vor und fuhr von meiner Wohnung in Bonn Friesdorf mit dem Fahrrad zu Constanze. Wir verbrachten den Nachmittag zusammen, aber ich verabschiedete mich bald von meiner Familie und fuhr weiter zu Karolas Mutter, um dort die restlichen Weihnachtstage zu verbringen. Unterwegs erlitt ich einen Weinkrampf und brach zusammen, was ich meiner Familie nicht erzählte. Später erfuhr ich, dass sich meine Tochter bei meiner Exfrau am Heiligabend nachmittags betrank und mir meinen Weggang nicht verziehen hatte. Die Geschehnisse an diesen Weihnachtstagen führten zu meiner nicht glücklichen Entscheidung, die Familie in dieser Zeit, mindestens einen vollen Tag, nicht mehr alleine zu lassen, ob mit oder ohne Karola.

Die Psychologin sprach mit mir über alle Aspekte eines Zusammenlebens. Besonders wies sie darauf hin, die Vor-und Nachteile einer Beziehung oder Affäre zu betrachten und zu werten. Was überwiegt? Sind es negative Merkmale oder positive? Wenn das Negative überwiegt spricht mehr für eine Trennung. In der Beziehung zu Karola hatte sich im Laufe der Jahre einiges Negative angehäuft, so dass ich die Entscheidung traf, mich von ihr zu trennen. Sie versicherte mir brieflich ihre Freundschaft und Liebe, aber es war zu spät. Danach schrieben wir uns wenige Briefe. Irgendwann antwortete sie nicht mehr. Vor einiger Zeit sah ich sie nach Jahren auf einer Feier meines Sportvereins wieder. Aber ein Versuch, mich mit ihr zu unterhalten, misslang. Sie wollte keinen Kontakt mehr und setzte sich an einen Tisch in der Festhalle, wo ihre Tochter und ihre männliche Begleitung saßen.

Das neue Jahrtausend

2000er Jahrzehnt

Der Terroranschlag am 11. September 2001 auf das World Trade Center war ein bestimmendes Ereignis in diesem Jahrzehnt. Der Anstieg der Zulassungen von SUV Autos in Europa beispielsweise hängt mit einem Sicherheitsdenken zusammen, dass seine Ursachen im Terroranschlag in New York findet. Der Anschlag begründete zwei Jahre später den Irakkrieg, in dem der Diktator Saddam Hussein gestürzt wurde.

Der Aufstieg Chinas zu einer Industrienation veränderte die Struktur der globalen Wirtschaftsordnung. Als eine Folge der internationalen Geldspekulationen brach der Immobilienmarkt in den USA und einigen europäischen Staaten zusammen. Die Großbank „Lehmann Brothers" musste aufgeben. Auch für Wirtschaftsexperten ein nicht für möglich gehaltener Absturz.

Das Internet und die Mobilfunkwelt erreichen eine größere flächendeckende Bedeutung, soziale Netzwerke erzielten eine erhöhte Popularität (vgl. Wikipedia), „YouTube" wurde die bekannteste Videoplattform und „Wikipedia" ist als eine Online-Enzyklopädie gegründet worden.

George W. Bush wird im Jahr 2000 neuer amerikanischer Präsident, 2002 wird der Euro in die EU eingeführt, eine Hitzewelle trifft uns im Jahr 2003 und nach einem Tsunami im Indischen Ozean 2004 sterben unzählige Menschen.

Im Jahr 2007 leben erstmals mehr Menschen in Städten als auf dem Land, erneuerbare Energien (Sonnen-, Wind- und Wasserkraft) weisen in der EU ein immer größeres Wachstum auf und Elektromotoren und Hybridfahrzeuge ergänzen zunehmend Verbrennungsmotoren.

Nach dem Tode von Johannes Paul II wird der deutsche Kardinal Josef Ratzinger als Papst Benedikt VI gewählt. Der erste Deutsche Papst nach 500 Jahren.

Klimaerwärmung und Klimawandel entwickeln sich zu einem immer häufiger diskutierten Thema. Wenn die Anzahl der Starkregen (>= 25

Liter pro Quadratmeter in der Stunde) zunimmt, weltweiter Tempera-
turanstieg statistisch erwiesen ist, die Anzahl der Tropennächte in Städ-
ten steigt (> 20 Grad Celsius), unwetterartige Gewitter zunehmen und
mehrere längere Hitzeperioden bis zu 40 Grad Celsius in Mitteleuropa
auftreten, müssen auch Skeptiker einen Wandel des Klimas befürchten.
USB-Sticks lösen CD´s als mobiles Massenspeichermedium ab. Rechner,
die in den achtziger Jahren ganze Räume füllten, passen heute als Laptop
auf jeden Schreibtisch und etliche G-Byte große Speichermedien als
USB-Sticks in jede Hosentasche.

Postbank

Nachdem ich das Glück hatte, von einer Zeitarbeitsfirma zur Postbank Data zu wechseln und mit einem Kollegen zusammen nach der Zeit in der Abteilung für Auftragsabwicklung die Software ARIS betreute, kam ein Abteilungsleiter der Postbank zu uns und fragte, ob wir uns vorstellen können, ARIS auch für die Postbank zu betreuen. Er sprach uns beide an und wir wollten uns diesen Schritt überlegen. Mein Kollege kam zu der Entscheidung, die Postbank Data nicht zu verlassen, aber ich wollte zur Postbank wechseln. Ich hatte das erreicht, was ich mir beruflich vorstellte, verdiente nicht das, was ein Akademiker normalerweise erhielt, aber die Arbeit war zukunftsträchtig und ausbaufähig. Später kam ein Referent für die neue Software aus Hamburg in die Postbank-Abteilung, aber wir organisierten die Arbeit zusammen und engagierten uns vielseitig. Ich erwarb mir erneut ein gutes Image, entwarf ein Organigramm und stand, wenn sich Fragen ergaben, für User der Software ARIS zur Verfügung. Später entwickelte ich Schulungen für Mitarbeiter auf nationaler Ebene. Ich arbeitete mich in die Thematik von ARIS ein und wurde bundesweit zum Spezialisten für die Software.

Es wurde ein größeres Projekt aufgesetzt, mit Hilfe von ARIS die Software SAP in die Postbank zu integrieren. Mir war es gelungen ein Verfahren in ARIS zu entwickeln, um die Einführung von SAP zu dokumentieren. Dafür erhielt ich wegen hervorragender Leistungen von der Personalabteilung der Postbank eine Sonderzahlung (für das Geld wollte ich eine Reise mit der Transsibirischen Eisenbahn durch Russland zum Baikalsee und in die Mongolei unternehmen. Leider hatte ich die Reise absagen müssen).

Nach Jahren der Arbeit verliebte ich mich in eine Arbeitskollegin, die freundlich und attraktiv war. Einige Kollegen schauten ihr nach, sie war aber standhaft und wehrte alle Versuche ab, sich erobern zu lassen. Ich war auch betroffen und litt unter ihrer Ablehnung. Erst nach längerer Zeit der Zusammenarbeit mit ihr in einer

Abteilung ließ meine Verliebtheit für sie nach und entwickelte sich zu einem freundlichen und normalen Verhältnis unter Arbeitskollegen.

In der Beschäftigungszeit bei der Postbank lernte ich mehrere Bereichs- und Abteilungsleiter kennen. Ich hatte den Eindruck, je länger ich im Hause blieb, desto jünger wurden die Abteilungsleiter, denen ich erklären musste, eine andere Ausbildung absolviert zu haben, als meiner Tätigkeit bei der Postbank entsprach. Ich wurde 58 Jahre alt, als die Personalabteilung die Möglichkeit für Angestellte anbot, in den Vorruhestand zu gehen. Die Bedingungen hierfür konnten ausgehandelt werden. Mein neuer Abteilungsleiter bot mir diese Möglichkeit mit an, was ich mir einige Monate überlegte. In dieser Zeit lernte ich meinen Vorgesetzten näher kennen und hatte den Eindruck gewonnen, ihm würde es leid tun, falls ich das Angebot für den Vorruhestand annehmen würde. Aber ich hatte mich dafür entschieden und handelte eine vertraglich Regelung mit dem Personalbüro der Postbank aus.

Ich war 15 Jahre im Konzern der Postbank und fühlte mich dort ausgesprochen gut aufgehoben. Am Ende meiner Dienstzeit erreichte ich die Dienststellen Bezeichnung Consultant der Abteilung Organisation und war zufrieden. An meinem letzten Arbeitstag lud ich meine Kolleginnen und Kollegen zu einem Umtrunk in die Kantine der Bank ein. Ich war freudig überrascht wie viele Beschäftigte sich fernmündlich und persönlich von mir verabschiedeten. Mein beruflicher Weg fand im Konzern der Postbank 2011 ein wohlwollendes Ende.

Reise mit meiner Mutter in ihre Heimat Zempelburg (ehemals Westpreußen) im Sommer 2010

1. Tag

Am Samstag, dem 26. Juni 2010 ging es los. Wir stiegen pünktlich vor 5:00 Uhr in Otterndorf in unseren Leihwagen und fuhren Richtung Hamburg. Es war kühl und neblig. Die Felder des Alten Landes erschienen uns wie aus einer anderen Welt, unwirklich für diese Jahreszeit. Wir waren alleine auf der Straße, leider erwischte uns eine Geschwindigkeitskontrolle, irgendwo zwischen Cadenberge und Buxtehude, morgens kurz vor halb sechs. Bald erreichten wir Hamburg, fanden in der Stadt den Weg Richtung Lübeck und fuhren zur ersten Raststätte. Wir wunderten uns, wie viele Urlauber mit Sack und Pack schon so früh unterwegs waren.

Margot hatte die falschen Schuhe an. Sie waren defekt, und auf dem Weg zur Raststätte lösten sie sich ganz auf. Wir hinterließen eine deutliche Spur. Es gab keine Zweifel mehr, wir waren unterwegs und fuhren in Margots alte Heimat nach Zempelburg, im ehemaligen Westpreußen.

Die Weiterfahrt ging zügig voran, wir fuhren auf neu gebauten Straßen durch Ostdeutschland, zunächst auf der A 20 Richtung Berlin. Der Verkehr verteilte sich, und wir erreichten einen hohen Kilometerschnitt. Trotz weiterer Pausen kamen wir gegen 11:00 Uhr nach Stettin. Kontrollen fanden nicht statt. Polen ist jetzt Teil Europas, es ging dann weiter ohne Unterbrechung durch Stettin, streng nach unserer Straßenkarte, die polnische Bundesstraße 10 Richtung (ehemals) Bromberg, immer von West nach Ost. Wir ließen uns Zeit, suchten eine passende Raststätte und spürten den Unterschied zu unseren Straßen und der Infrastruktur. Es gab Tankstellen und Rastplätze, aber schon die Anfahrt dorthin erforderte erhöhte Aufmerksamkeit die Schlaglöcher und Unebenheiten in der Fahrbahn zu umfahren.

Wir vermuteten, wir müssen Richtung Walcz (Deutsch Krone) fahren, eine kurze Strecke die Straße 22 nach Jastrowie und dann rechts ab Richtung Osten in eine Nebenstraße mit der Nummer 189, Richtung Wiecborg, was den kürzesten Weg nach Sepolno (Zempelburg) darstellt. Aber die Straße ist eine Nebenstraße mit allen seinen polnischen Tücken: Es gibt keine Mittel- und Begrenzungslinien, viele Schlaglöcher und eine unebene Fahrbahn; mehr als 60 km pro Stunde konnten wir nicht fahren. Die Straße wirkte endlos, wir befürchteten schon uns verfahren zu haben, doch die Ausdauer hat sich gelohnt: Wir erreichten den Ort, von dem es aus Richtung Norden nach Sepolno ging und unsere Stimmung hellte sich auf. Wir fuhren die Straße 241. Gegen 16:00 Uhr erreichten wir Sepolno Krajenskie (bei einigen größeren Orten in diesem Gebiet wird der Name der Region des Krajenskie Parks hinter den Ortsnamen gehängt). Margot kannte den Weg, den wir fahren mussten, und nach kurzer Zeit erreichten wir das Hotel Jan. Wir waren fast 10 Stunden unterwegs und sehr froh, heil angekommen zu sein. Das Hotel Jan in Zempelburg ist sehr schön auf einer Anhöhe direkt am Zempelburger See gelegen. Der Weg zum Hotel führte durch einen Kiefernwald, der mich auch an meine Heimat Heusenstamm erinnerte: die gleichen Bäume, der trockene Sandboden und viele Kiefernzapfen, die auf der Straße lagen, auf der wir nur im Schritttempo fahren konnten.

Wir haben zwei Einzelzimmer gebucht, die leider nicht zum See liegen, aber trotzdem Ruhe versprachen. Die Ausstattung der Zimmer und das gesamte Hotel sind gut, es wird von jungen Leuten geführt, unterstützt durch einen erfahrenen Hausmeister und Gärtner. Wir konnten in einem separaten Raum jeden Morgen hervorragend frühstücken, den Blick auf den Zempelburger See gerichtet. Meist waren wir morgens alleine. Die aktuelle Musik der Hitparade, die über die Lautsprecher der Räume durch das ganze Hotel zu hören war, hat uns nicht gestört. Wir haben besonders die Aussicht und das Frühstück genossen.

Insgesamt wohnten wir im Hotel Jan sehr gut, konnten ausreichend schlafen und auch gut bürgerlich zu Abend essen. Es gab Hausmannskost mit professionellem Touch. Und es ist für uns ausländische Gäste sehr preiswert. Ein komplettes Essen mit Getränken und Nachtisch für zwei Personen für keine 30 Euro wird man in Deutschland in der Qualität nicht finden. Klar ist auch, dass die Lebenshaltungskosten für Einheimische sehr ähnlich wie diejenigen in Deutschland für uns sind.

Nach unserer Ankunft und einem Kaffee mit feinem Nachtisch sind wir direkt am See entlang gelaufen, Richtung Stadt, an Bootshäusern vorbei, die meine Mutter noch von früher kannte. Offensichtlich haben sich Wege in Zempelburg 65 Jahre nicht geändert. Wir gingen dann zurück Richtung Sportplatz, den Margot noch in Erinnerung hatte. Als Jugendliche war sie eine passable Leichtathletin. Kurz davor liegt links ein Soldatenfriedhof. Hier sind neben polnischen und russischen Soldaten auch deutsche Zivilisten beerdigt, auch meine leibliche Großmutter, Oma Trabant. Margot erkannte das Grab ihrer Mutter sofort. Es war gepflegt, obwohl wir Jahrzehnte dazu nicht beitragen konnten. Jetzt ist es möglich. Kurz vor unserem Besuch in Zempelburg musste ein Einheimischer das Grab gepflegt haben. Als wir vor dem Grabstein standen, kam ein polnischer Arbeiter, der uns sagte, er habe das Grab jahrelang gepflegt, ohne Sold und Auftrag. Vermutlich aber war der Pfleger Stanislaw, Margots Schulkamerad, der die Grabstelle ab und an in Ordnung hielt. Da wir das nicht genau wussten und uns nicht sicher waren, entlohnten wir den Arbeiter, worüber er sich sehr freute.

Wir gingen zum Hotel zurück und waren überrascht, dass kurz danach Stanislaw und seine Frau Zschecha uns besuchten, obwohl sie gar nicht wissen konnten, wann wir in Zempelburg ankommen würden. Stanislaw ist ein Schelm, dem der Schalk im Nacken sitzt. Mit seiner Frau Zschecha kabbelt er sich ab und zu. Eigentlich sind sie ein Herz und eine Seele. Wir aßen im Hotel zu

Abend, und beide luden uns zu sich am Sonntag zu Kaffee und Kuchen ein. Zschecha hatte eine Torte gekauft und Kuchen gebacken.

2. Tag

Es war die Zeit der Fußballweltmeisterschaft und Deutschland spielte am Sonntag gegen Australien. Stanislaw schaffte es, einen polnischen Sender in seinem Fernseher im Wohnzimmer einzustellen, der das deutsche

Hotel Jan am Zempelbzrger See

Spiel zeigte, auf polnisch kommentiert. Die Torte war ein Kunstwerk, leider mussten wir es zerstören, Zschecha hatte darauf bestanden. Ihre Wohnung ist nach westlichem Standard eingerichtet, nicht zu vermuten, wenn die Fassaden der tristen Hochhäuser betrachtet werden. Neben den Hochhäusern, die unseren Bausünden der 70-igerer Jahre ähneln, liegt ein Lebensmittelgeschäft, ein „Tante Emma" Laden, der immer, auch sonntags, geöffnet hat. Hier geht Stanislaw ein und aus, man kennt sich, scherzt, flirtet mit der Kassiererin und sagt irgendwann „dzien Dobry". Isbaners schotten sich in ihrem Hochhaus ab. Sie installierten zu ihrer Wohnung zwei schallisolierte Türen, so dass beide so gut wie nichts vom lärmenden Hausflur und dem Geräuschpegel mitbekommen.

Wir verabredeten uns für den Montag. Margot hatte ein festes Programm geplant. Wir mussten nach Sechau (möglichst mit einem Ruderboot), das Haus von Opa Schulz finden, die Badestelle der vierziger Jahre am Zempelburger See, ihr Elternhaus und Zempelburg sehen, den Kindergarten, die Schule und die Weide, wo das Pferd der Familie Schulz graste. Stanislaw bot sich als Dolmetscher an, eine Rolle die er dann auch perfekt spielte. Ohne Stanislaw hätten wir nicht das gesehen, was wir aber tatsächlich erlebt hatten. Er ist ein Charmeur und redet mit fremdem Leuten, als wenn er sie schon Jahre kennt. Stanislaw beherrscht beide Sprachen, Polnisch und Deutsch. Seine Art sich zu verhalten hat mich zu weilen an meinen Opa Widlewski erinnert, dem auch der Schalk im Nacken saß und den ich noch Zigarre rauchend in unserem Wohnzimmer in Heusenstamm bei einem Besuch von seinem Hund erzählen höre, in einem ganz ähnlichen Dialekt, wie ihn Stanislaw sprach.

3. Tag

Nach Margots Erzählungen waren sie und Onkel Willy in ihrer Jugend öfters mit dem Ruderboot von Zempelburg bis Sechau (Dziechowo) gerudert. So waren wir schon am Sonntag nebenbei auf der Suche nach einem Ruderbootsverleih. Was wir aber auf dem See an Booten sahen, hatte uns nicht angesprochen. Wir erzählten unsere Absicht auch Stanislaw, der sofort sein Ruderboot für unsere kleine Expedition nach Sechau anbot. Am Sonntag waren wir nach dem Kaffeetrinken in den Garten von Isbaners gefahren. Hier kennt man sich in der Nachbarschaft und hilft sich. Wir sahen das Ruderboot, Kiel oben liegend im Garten, aber es sah so aus, als wenn es Jahre nicht benutzt wurde. Hier sorgte Stanislaw dafür, dass sein Ruderboot gründlich gereinigt wurde, durch einen Nachbarn, der den Sommer über in einer provisorischen, aber regendichten Gartenhütte am See lebt. Am Montag früh lag dann das Boot schon abfahrbereit am Ufer. Wir packten etwas zu essen und zu trinken ein, was Zschecha vorbereitet hatte, kletterten unsicher in das Boot und bei strahlend blauem Himmel ging es los, mit Stanislaw, unserem Dolmetscher, Bootsverleiher und Gastgeber.

Die ersten Meter kreisten wir umher, bis ich mich an die Ruderblätter gewöhnt hatte. Auf dem See war es sehr angenehm und wir genossen das saubere Wasser, die Enten um uns herum, das Schilfgras und die Aussicht auf die Uferzonen, über die mitunter ein Greifvogel schwebte. Die Sonne schien mir ins Gesicht, aber ich bildete mir ein, der Sonnenbrand wird nicht gewinnen können. Mein Versuch vor unserem Ruderausflug Sonnencreme zu kaufen, hatte nicht funktioniert. In der Kürze der Zeit fand ich in keinem der besuchten Geschäfte etwas zum Schutz für die direkte Strahlung von oben.

Margot hatte eine bestimmte Anlegestelle im Auge, die wir vor Sechau dann nur knapp verfehlten. Es ist nicht zu glauben, dass nach so vielen Jahren Wege, Uferböschungen und Straßen fast unverändert sind, wie wir schon am ersten Tag erfahren hatten. Auch ich fühlte mich zeitweise in meine Kindheit zurückversetzt, als wir auf Feldwegen spazierten, an deren Rändern links und rechts der Klatschmohn blühte.

Wir liefen an einem Grundstück vorbei, auf dem ein neues Einfamilienhaus in Eigenregie errichtet wurde, sahen kleinere Höfe, vermutlich Nebenerwerbslandwirte, die einem Handwerk nachgehen und eine bescheidene Landwirtschaft in ihrer Freizeit betreiben. Plötzlich tauchte ein ganz neu errichteter Spielplatz auf, der von seiner Ausstattung und Qualität hier in Deutschland seines gleichen sucht. Ein großer, sehr gepflegter Rasenplatz mit neusten Spielgeräten in einem so kleinen Ort wie Sechau? Auf den ersten Blick erstaunlich, auf den zweiten Blick verständlicher, wenn eine Neubausiedlung am Ortsrand bedacht wird, die relativ hohe Geburtenrate im katholischen Polen, und es in der Nähe eine Schule gibt, die ihre Kinder in der Pause vielleicht auf den Spielplatz schickt? Es ist tatsächlich die Schule, zu der Onkel Willy damals seine Schulkinder im Winter mit dem Schlitten fuhr.

Bald erreichten wir das Haus von Oma Trabant. Meine Mutter zeigte uns, wo sie als Mädchen übernachtete, ein Fenster war zugemauert und der Eingang verändert. Im Hof stand kein Stall mehr, alte Bäume sind gefällt, aber es gibt noch einen gepflegten Garten. Ein älteres Ehepaar musterte uns skeptisch, bis Stanislaw die Leute begrüßte und erklärte, dass Margot hier einmal als Kind ein und aus ging. Das Ehepaar war pensioniert, sie leben im Sommer von dem, was es an Fischen aus dem See und an Früchten aus dem Garten gibt, von Kartoffeln und Gemüse. Margot durfte in das Haus und sie erinnerte sich an schöne Tage, die sie dort in den Ferien verbrachte. Das Haus ist von innen gut eingerichtet und gepflegt. Es gibt kaum Unterschiede zu vergleichbaren Bauernhäusern bei uns, mit der Ausnahme der Außenfassade, die bröckelt, keine Farbe mehr kennt und improvisiert ausgebessert wird.

Wir sitzen im Schatten des Hauses im Innenhof zusammen und trinken einen polnischen Kaffee, der einfach in die Tasse kommt und mit heißem Wasser übergossen wird, das ist alles. Kein „Latte-ich-weiß-nicht-was-sonst-noch drin ist". Doch was zählt, ist die Absicht, und die war ehrlich und sehr freundlich.

Stanislaw unterhält sich angeregt, alle sprechen laut, als wenn es gilt, etwas zu versteigern, oder als ob man sich streiten würde. Unter dem kleinen Tisch, auf den wir unsere Tassen abstellen konnten, stand ein alter Plastikeimer, gefüllt mit Fischen. Zunächst hatte ich das nicht erkannt und vermutet, bis ein Fisch zu zappeln anfing. Ein altes

Seenlandschaft nahe Zempelburg

Holzmesser lag schon auf dem Tisch. Wir waren wohl dem Fisch ausnehmen kurz zuvor gekommen. Irgendwann verschwand der dicke Mann im Haus und kam mit einer Flasche Likörwein zurück, der mit Sicherheit selbst hergestellt war. Er schenkte uns ein und wir tranken auf die Gesundheit und die deutsch-polnische Freundschaft. Als wir uns bedankten und freundlich verabschiedeten, begann die Frau sofort das Holzmesser zu wetzen, das auf dem Tisch lag.

Gestärkt marschierten wir wieder den Weg zurück, gingen aber einen Umweg an einem Friedhof vorbei, auf dem eine kleine Gedenkstätte für Papst Karol Wojtyla eingerichtet ist und gepflegt wird. Steht man vor dem Kreuz und einem Bild des Papstes, liegt rechts ein Stück ungenutztes Gelände, auf dem vereinzelt Kiefern und Lärchen stehen. Hier hat sich der frühere Friedhof von Sechau befunden, auf dem Margots Vorfahren begraben sind. Das sagte uns eine Nachbarin, die aus ihrem Haus kam, als sie uns langsam dahin schlendern sah. Es ist eine von Stanislaws Cousinen. Bald begann wieder eine längere lebhafte Unterhaltung. Der Umweg führte uns zu der Badestelle am See, an der Margot als Kind im Sommer ihre Freude hatte, wenn sie Oma Trabant besuchte. Die kleine Badebucht liegt etwas links (vom See aus betrachtet) von unserer Anlegestelle, wir konnten aber nicht das kurze Stück am Ufer entlang zurückgehen, da genau dieses Stück Land versumpft ist. Wir kamen wieder an dem Neubaugrundstück vorbei und zu unserem Boot zurück. Nach dem Tausch der Ruderblätter legte ich mich kräftig in die Riemen. Wieder nur Sonne, die besonders durch die exponierte Ruderstellung meiner Beine bedingt, senkrecht auf mich schien. Meine Fahrgäste saßen einträchtig mit dem Rücken zur Sonne, dem angenehmen Fahrtwind entgegen und die Hände im kühlenden Wasser. Irgendwann wünschte ich mir, einfach in den See zu springen, um mich abzukühlen. Ich spürte schon den Sonnenbrand, selbst das kühle Spritzwasser nutzte nichts mehr. Ich war an den Beinen rot wie die Farbe meines Wagens „Pink Floyd". Als wir dann nach zweieinhalb Kilometer Ruderstrecke wieder an der Anlegestelle vor dem Garten von Isbaners ankamen, steckte ich meine Beine eine halbe Stunde ins Wasser.

4. Tag

Am Dienstag holten wir Stanislaw vormittags vor seiner Wohnung ab und versuchten das Wohnhaus von Opa Schulz zu finden, das wir zwischen Sechau und Plocicz vermuteten. Auf der Karte war ein Ort eingezeichnet, aber nicht einzelne Höfe, die verstreut in den weiten Feldern liegen. Ähnlich wie meine Mutter fühlte ich mich wieder in meine eigene Jugend erinnert. Wir gingen auf Feldwegen, auf denen Kornblumen wuchsen; weite Kornblumenfelder, Margeriten und Klatschmohn zu sehen waren. In der Ferne sah ich über einer Baumkrone einen großen Greifvogel fliegen, es könnte ein Adler gewesen sein, die hier noch ideale Umweltbedingungen antrifft. Da sich auch viele Feldwege nicht veränderten, sagte Margot ganz bestimmt und zielsicher: Wir müssen hier lang, da liegt der Hof von Butscheids und

Badestelle meiner Mutter in Sechau

hier wohnt der Nachbar Dombrowski. Selbst Teiche sind dort, wo sie schon immer waren. Margot fuhr damals die Wege zu Opa Schulz mit dem Fahrrad, so wie die beiden Mädchen, die wir auf dem Rückweg sahen und die zum ehemaligen Hof von Opa Schulz fuhren.

Seit vielen Jahren unterblieb eine Flurbereinigung, es gibt bisher in diesem Gebiet keine Industrialisierung, die einen Wegebau notwendig machen würde. So bleibt die Landwirtschaft besonders von den Launen der Natur abhängig, meist ohne Drainage der Felder, mit verstreuten Baumgruppen, Hecken und Wiesen und überall Blumen in den Feldern und an den Wegesrändern, die es in dieser Verbreitung bei uns schon lange nicht mehr gibt. Das macht den Reiz der Landschaft aus. Aber die Bewohner haben es schwer, sie müssen härter auf den Feldern arbeiten als die

Bauern bei uns, vieles ist noch Handarbeit, ohne große Maschinen, die vielleicht in einem der Teiche versinken würden. So sahen wir in unsere Vergangenheit zurück, in eine naturnahe Landschaft, in die sich der Mensch harmonisch einfügt, bis heute.

Da meine Muter genau wusste, wo das Haus von Opa Schulz liegt, gingen wir zielsicher auf den Hof, wo uns eine ältere Frau mustert. Erst nach Stanislaws freundlichen Worten konnten wir uns vor das Haus setzen. Margot durfte auch hier in das Haus gehen. Es bestätigte sich, was wir schon vorher feststellten. Innen sind die Wohnungen gut ausgestattet und eingerichtet, von außen nur wenig gepflegt, was an der finanziellen Situation der Bewohner liegt. Viele aus der jungen Generation leben und arbeiten im Ausland, verlassen den Hof für viele Monate und sind auf das Jahr gesehen nur wenig zu Hause, wo viel Arbeit auf sie wartet. Nur durch das im Ausland verdiente Geld der nächsten Generation können die Kleinbauern überleben. So auch auf dem ehemaligen Hof von Opa Schulz. Der Kellereingang war fast unverändert, ein alter Ziehbrunnen im Innenhof war in Gebrauch, die Scheune lag gegenüber des Wohnhauses, mit einem Hofhund davor und jungen Gänsen mitten im Hof. Wenn die Kinder nicht mehr nach Hause finden, muss die Mutter den Hof aufgeben, wie es in Deutschland in den sechziger Jahren der Fall war und die Landwirtschaft vor der Flurbereinigung zu veröden drohte.

Nach unserer Rückkehr ins Hotel saßen wir abends unterhalb des Gebäudes am Seeufer auf einer der Bänke, die meist von jungen Leuten belegt waren. Am Sandstrand führten Stege ins flache Wasser des Uferbereichs. In der Dämmerung standen einige Teenager auf den Stegen und unterhielten sich. Es war eine angenehme Stimmung. Die Sonne ging unter und tauchte den Strand in ein rosa Licht. Alles wurde ruhig und friedlich.

5. Tag

Am Mittwoch begleiteten wir Isbaners auf einer Fahrt nach Konitz (Chojnice), eine Stadt, nördlich Zempelburg, 35 km entfernt von Margots Heimat. Die Stadt putzt sich heraus, viele Häuser sind restauriert. Es gibt einen schönen Markplatz, eine gewaltige Kirche und einen Markt, den wir zu spät besuchten, da viele ihre Stände einpackten. Hier ist zu sehen, dass sich in Städten das Leben in Polen ändert und offener für Besucher wird.

Jugendliche abends am Zempelburger See

Das öffentliche Leben wird gefördert. Sportanlagen, Bibliotheken, freie Plätze und Kirchen sind ganz hervorragend ausgestattet und renoviert. Der Privatmann versucht ein Haus zu bauen, in Eigenregie und mit Hilfe seiner Freunde und Verwandten, die an einem Strang ziehen und sich gegenseitig unterstützen, ähnlich wie bei uns in kleinen Gemeinden, wo jeder jeden kennt und sich gegenseitig hilft.

Isbaners führten uns nach dem Stadtbesuch anschließend zu einem größeren See (J. Charzykowskie), der nördlich von Konitz liegt. In dem kleinen Ferienort Charzykowy gingen wir spazieren. Die Sonne schien und das Wasser spiegelte die vielen Segelboote, die in Reihe und Glied festgebunden schwammen und über flache Stege zu erreichen waren. An Wochenenden war dort mehr Betrieb, denn der See lädt zu einem Ausflug auf dem Wasser ein.

Einige Wochenendhäuser standen direkt am Ufer und wir konnten sehen, dass hier deutsche Gäste ihre Häuser besuchen. Letzte Zweifel wurden ausgeräumt, als wir zum Teil deutsche Nummernschilder von Autos vor den Ferienhäusern stehen sahen.

Auf dem Rückweg überraschten uns Isbaners mit der Absicht, zu einem Herrenhaus zu fahren. Wir bogen in eine schmale Nebenstraße abseits der Landesstraße 212 ein, bis nach ca. 2 km mitten in der Landschaft das Hotel „Honoraty" in einem weitläufigem Park auftauchte. Hier ist alles nur vom Feinsten. Ein prächtiges Hotel im Landhausstil, von Blumen umgeben, mit einer großen Terrasse und Blick auf einen Fischteich und ein nahes Waldstück. Innen ist das Haus mit natürlichen Materialien ausgestattet, Holz, Stein und Ton. In der ersten Etage liegt ein Pool, mit Aussicht auf die Parkanlage. Ein Luxushotel, mitten auf der Wiese. Es gibt kein anderes Haus in der Nähe, nur eine schmale Straße zum Hotel und einen weitläufigen Zaun, der eher einem Kunstwerk gleicht. Auf Granit steht geschmiedetes Eisengitter, um die gesamte Anlage herum errichtet, schätzungsweise 4 km lang.

Im Anwesen aßen wir am Nachmittag zu Mittag und waren die einzigen Gäste. Das Essen war ungewöhnlich, aber gut. Wir fuhren beeindruckt nach Zempelburg zurück, an kleinen Orten vorbei, in denen es Storchennester zu beobachten gab.

6. Tag

Für den nächsten Tag hatten wir uns nicht mit Isbaners verabredet, wir wollten in Zempelburg Margots von früher bekannte Stätten ansehen und bummeln gehen. Ich war auf die vielen kleinen Läden und Geschäfte neugierig. So schlenderten wir zunächst in einige Verkaufsstätten, die eher multifunktional ausgestattet sind. Es wiederholte sich von Geschäft zu Geschäft: Kleidung und Haushaltswaren, Geschenkartikel und Schmuck waren im Angebot. Manchmal wurden in einer Theke Lebensmittel angeboten. Alles zusammen war in einem Raum oder einem verwinkelten Untergeschoss aufbewahrt. Wir wunderten uns, wie die kleinen

Läden existieren können, denn jeder bot fast die gleichen Waren an. Auch hier hatten wir das Gefühl, wir kaufen bei uns zu Hause in den sechziger Jahren ein. Das Gefühl in der Vergangenheit zu sein, gilt auch für den Verkehr, der mitten durch die Stadt fließt und die Fußgänger auf schmalen und hohen Bürgersteigen zurück lässt. Eine Umgehungsstraße soll geplant sein, aber wie lange das nur auf dem Papier stehen kann, wissen wir durch das Beispiel Otterndorf in Deutschland. Der laute Durchgangsverkehr und die schmalen Bürgersteige werden der Grund dafür sein, dass es im Ort kein einziges Café oder Eiscafé gab. Nach einer Verkehrsberuhigung und einem Zurückbauen der Hauptstraße wäre ein Café eine Goldgrube.

Die Arbeitslosenquote in Sepolno beträgt über 20 %. Es ist verständlich, dass das wenige Geld, das den Familien zur Verfügung steht, nicht in erster Linie für Äußerlichkeiten wie Hausfassaden oder teure Autos verwandt wird. Das Geld fließt wahrscheinlich in Kleidung, was besonders für Frauen in jedem Alter gilt. Sie achten auf sich, kleiden sich Mode bewusst und chic. Junge Leute in Polen und junge Menschen in Deutschland unterscheiden sich heute nur noch durch die Sprache.

Im Umgang mit Gästen und Touristen entwickeln die Polen keine Ressentiments. Im Gegenteil, wir wurden immer freundlich behandelt. Die meisten Polen verstehen nicht nur den Wunsch der Generation meiner Mutter, ihre Heimat besuchen zu können, viele leben auch z. T. von Touristen und Besuchen ehemaliger Einwohner. Es dauerte fast drei Generationen, um endgültig Wunden zu heilen. Aber die Narbe, seine Heimat verloren zu haben, schmerzt ein ganzes Leben. Die damalige Situation in Zempelburg charakterisierte Stanislaw einmal durch den Hinweis, dass auch sein Vater nach dem Einmarsch der russischen Truppen 1945 in Gefangenschaft geriet. Er wurde gefragt, was er denn eigentlich für ein Landsmann sei, worauf er ehrlich sagte, er wisse nicht, ob er nun als Deutscher oder Pole angesehen wird. Nach knapp einem Jahr Gefangenschaft wurde er entlassen und konnte in seine Heimat zurückkehren.

Wir parkten an der katholischen Kirche und gingen nach unserer Shopping-Tour Richtung Ortsausgang, wo Margots Elternhaus steht. Der Weg führte unterhalb eines flachen Hangs entlang. Links von uns lagen Wiesen und rechts Häuser mit einem Garten oder Hof, zum Weg hin. Auf den Wiesen hatte hier früher die Familie Schulz ein Pferd stehen. Es wirkte so, als ob wir das Pferd abholen kommen und es dann nach Hause bringen.

Die Eingangstür des Elternhauses war fast unverändert. Eine dunkelrote schwere Holztür sicherte das Haus. Das Haus war bewohnt und dort, wo Opa Schulz zur Straße seinen Fleischerladen hatte, bot jetzt ein Kreditbüro (Kredyty gotowkowe) seine Dienste an. Wir gingen einmal um den gegenüberliegenden Häuserblock, wo meine Mutter mit ihren Geschwistern spielte, zum Kindergarten, heute restauriert und zur Straße abgesichert. Weiter an einer Schule vorbei, die jetzt ein Gymnasium beherbergte. In der gleichen Straße lag auch die Stadtbibliothek, die renoviert wurde. Da es zu gewittern begann und wir den Schirm im Auto ließen, suchten wir in der Bibliothek Schutz. Wir fragten, ob wir uns unterstellen dürfen, was eine freundliche Dame gestattete. Aber nicht nur das, sie bot uns an, an der Bücherausgabe zu warten, was wir dankend annahmen. Die Treppe zur Bibliotheksausleihe ist aus Granit, und das Geländer im Treppenhaus aus Edelstahl. Eine Investition für ein öffentliches Gebäude, wie es in Deutschland selten anzutreffen ist. Nachdem wir noch eine Schale mit Erdbeeren angeboten bekamen, war unsere Überraschung perfekt. Wir bedankten uns herzlich und sagten dann „do widzenia". Noch im leichten Regen gingen wir zum Auto zurück und fuhren zum Hotel. Wir freuten uns auf einen Kaffee, den wir noch nicht ganz ausgetrunken hatten, als Stanislaw und Zschecha ins Hotel schauten. Sie wunderten sich, dass wir ohne sie unterwegs waren und bestanden darauf, jetzt mit ihnen auf ihre Kosten im Hotel zu Abend zu essen. Beim Essen schlug Stanislaw vor, am Freitag, dem letzten Tag unserer Reise, eine Besichtigungstour zu unternehmen. Da ich vormittags noch auf den Wochenmarkt gehen wollte, verabredeten wir uns für 11:00 Uhr.

7. Tag

Der Markt in Sepolno ist ein typischer Markt einer Kleinstadt, bunt gemischt. Neben vielem Gemüse und Früchten aus der Region, werden Kleidung und Lederwaren angeboten. Es gibt dort einen Schuster und einen Schrotthändler für Haushaltseisenwaren und allem, was aus ehemaligen Scheunen als Eisen von Belang ist. Besonders beeindruckend sind die als zu Erwerb erwirtschafteten Angebote von Honig, eimerweise gepflückten Blaubeeren und Tomaten, in einer Größe, die es nur noch selten aus unseren Schrebergärten zu bewundern gibt. Die Heidelbeeren in Milchkannen erinnerten mich daran, dass wir als Familie Anfang

Das Geburtshaus meiner Mutter in Zempelburg

der sechziger Jahre in den Heusenstammer Wald gingen, um Blaubeeren zu pflücken, wobei unser Vater immer besonders fleißig war. Meine Mutter bereitete daraus einen wohlschmeckenden Kuchen, oder wir aßen die Blaubeeren einfach nur mit etwas Zucker bestreut.

Am späten Freitagvormittag fuhren wir zu unserm Ausflugsziel los, durch wunderschöne Alleen in einer abwechslungsreichen, naturnahen Landschaft, Richtung Tuchel (Tuchola), durch weite Felder und kleine Ortschaften mit wenig Industrie und Fabrikanlagen. Ziel war ein Freizeitpark mit einer seltenen geografischen Besonderheit: Hier kreuzen sich zwei Flüsse an einem Aquädukt. Der eine Fluss tunnelt den anderen. Als wir kein Hinweisschild zu diesem Naturwunder fanden, mussten wir andere Touristen fragen, die freundlicherweise voraus fuhren und uns den Weg wiesen. Die Flüsse sind sauber, besonders der breitere von beiden. Hier dürfen Touristen mit dem Paddelboot oder Kanu den Fluss befahren.

Die Kreuzung der Flüsse hatten wir nach einem Spaziergang bald erreicht. Fast unmerklich floss der schmalere Fluss durch eine Röhre unter dem breiteren hindurch. Die Flusslandschaft wirkt unberührt, nur ein Weg führte am Ufer entlang. Klares fließendes Wasser, im dem sich Fische tummeln, Wasserpflanzen zu sehen sind, die Libellen anziehen, und in dem sich der blaue Himmel und die Bäume spiegeln, ist in Deutschland eine Rarität. Gut gelaunt kehrten wir in das Restaurant des Freizeitparks ein. Das Gasthaus und der Park sind ganz neu errichtet, ein sehr großes Restaurant in einem weitläufigen Freizeitpark, mit künstlich angelegten Seen und Bachläufen, die aber unwirklich erscheinen, denn sie liegen nur wenige Meter von einer naturnahen Flusslandschaft entfernt.

Nach der Rückfahrt durch langgestreckte Alleen, luden wir am Abend Isbaners zum Essen ins Hotel Jan ein. Es war der letzte

Abend vor unserer Heimreise und wir bedankten uns ganz herzlich bei Stanislaw und Zschecha für ihre Gastfreundschaft und die perfekte Betreuung während unseres Aufenthalts in Sepolno.

8. Tag

Mit polnischer Wurst bestens versorgt, alles gut verpackt, und nach einem Frühstück im Hotel, schauten wir ein letztes Mal auf den Zempelburger See und fuhren am Samstag, dem 3. Juli zurück in meinen Geburtsort Otterndorf an der Niederelbe. Wir wussten beide, wir werden wiederkommen.

Waldfluss nahe Tuchela

Im Jahr 2013 realisierten wir unsere Absicht und fuhren erneut nach Zempelburg. Wir wohnten wieder im Hotel Jan, aber dieses Mal mit Aussicht auf den See. Ich konnte viel fotografieren und zahlreiche Bilder mit nach Hause nehmen, die ich in Bonn ausstellen durfte.

Vorruhestand

Ab Februar 2011 ging ich in den Vorruhestand. Mit dem Personalbüro handelte ich ein Gehalt aus und erhielt eine Sonderzahlung. Damit konnte ich haushalten. Mich zu beschäftigen war kein Problem, da ich meinem festen Sporttermin Tischtennis folgte und auf 450.- € Basis arbeiten gehen wollte. Zunächst besuchte ich still lächelnd Cafés und las Zeitungen, dachte an meine Arbeitskollegen und meine Arbeit, die noch präsent war. Bald bewarb ich mich als Fahrer einer Autovermietung, um Autos des Fuhrparks zu einer Sammelstelle in der Nähe der Zülpicher Börde zu bringen. Meine Kollegen und ich fuhren Fahrzeuge, die wenige Kilometer gefahren waren. Ein lukrativer Job, aber die Zeit zur Abholstelle wurde nicht vergütet, auch nicht die Zeit, die der Fahrer im Stau stand. Bei einem Arbeitsbeginn von sieben Uhr früh bis siebzehn Uhr erhielten die Fahrer 40 €, was einem Stundenlohn von 4 € entspricht. Dafür geht heute niemand mehr arbeiten. Ich musste mich nicht dazu zwingen und verließ nach eineinhalb Jahren die Tochterfirma der Autovermietung.

Ein Hotel in Bonn suchte einen Mitarbeiter für die Abend- und Nachtstunden. Ich bewarb mich, wurde eingestellt und erhielt einen Stundenlohn von über 9 €. Als „Nighty" musste ich bestimmte Aufgaben erledigen, auch Rundgänge durch das Haus absolvieren. Zwischendurch war nachts eine Abrechnung für das Hotel erwünscht, wofür es eine Arbeitsanweisung gab. Weitere Aufgaben kamen im Laufe der Zeit hinzu, wofür aber keine Arbeitsbeschreibung existierte. Eines Morgens erschien ein ausländischer Gast und wollte seine Rechnung bezahlen. Ich wusste nicht was zu tun ist, da mir niemand den Sachverhalt genau erklärt hatte. Nach etlichen Versuchen schaffte ich es tatsächlich den Kunden abzurechnen.

Es ergab sich ein Hauptproblem, mit dem ich anfänglich nicht rechnete: Mein gesamter Biorhythmus geriet durcheinander, was dazu führte, nicht mehr einschlafen zu können. Den Dienst habe ich bewältigen können, aber meinen Biorhythmus nicht mehr in den Griff bekommen. Ich musste die Stelle aufgeben.

Im Gegensatz zu früheren fachlichen Bewerbungen, schrieb ich Bewerbungstexte nur einmal, und ich erhielt zu meiner Überraschung die Stelle. Auch galt das für eine Büroarbeit in Köln. Eine international tätige Firma suchte für einen Steuerberater eine Bürohilfe, deren Aufgabengebiet ich ausfüllen sollte. Gesagt, getan. Aber bald spürte ich eine Aversion gegen meine Person, die von meinem Chef ausging. Ich konnte tun was ich wollte – mein Chef war dagegen. Nach einem Umzug des Büros entließ mich der Steuerprüfer. Ich sagte immer meine Meinung und musste mir nichts mehr beweisen, was meinem Chef missfiel. Ich war selbstbewusst genug mich auch kritisch zu äußern, denn meine berufliche Laufbahn hatte ich beendet. Ich konnte frei arbeiten und ließ mich nicht unterdrücken.

Das galt auch für eine neue Aufgabe, die ich für eine Zeitarbeitsfirma übernahm. Die Firma Haribo suchte Arbeiter für die Produktion. Ich wurde mit einer Arbeitskleidung ausgestattet und begann morgens um sechs Uhr den Dienst. Es wurde nicht viel geredet und direkt los gelegt. Man musste sich ständig füllende Container in einen anderen Behälter kippen, in dem das Material gemischt wurde – den ganzen Tag mit wenigen Pausen. Nachdem ca. 10 Tonnen bewegt waren, durfte der Arbeiter nach Hause gehen. Es gab Mitarbeiter, die das Jahrzehnte lang ertrugen. Für mich war nach einem Monat die Arbeit beendet. Eines Morgens war mir übel geworden und ich musste die Arbeitsstelle verlassen. Die Zeitarbeitsfirma schickte mich zu einer großen Brotfabrik nach Troisdorf. Die Arbeitszeiten waren die Gleichen wie bei Haribo, aber die Aufgaben betrafen eine Kontrolle der Backwaren, die eine Backstraße verließen. Nach einer Einarbeitung war der Arbeiter alleine mit der Backstraße, die sich immer bewegte, auch wenn es zu einem Stau kam, in dem das Gebäck auf den Boden fiel, was niemanden Verantwortlichen zu stören schien. Ich ließ das Brot einfach auf dem Boden liegen und arbeitete weiter. Später wurde das Bodengebäck beseitigt. Vielleicht eine Folge der Geschehnisse war, zukünftig immer zu zweit an einer Backstraße stehen zu müssen. Aber ich beendete die Arbeit, für die ich nicht geeignet war.

Die Arbeiten, bei denen ich besonders körperlich gefordert war, schaffte ich nur einen Monat lang. Ich legte eine Pause ein und bewarb mich nicht weiter.

Nach handwerklichen Tätigkeiten in einer Familienbildungsstätte, wurde ich gefragt, ob ich ehrenamtlich in der Hausaufgabenbetreuung arbeiten würde. Ich sagte zu und sprang „ins kalte Wasser". Die Schüler sind überwiegend Grundschüler und Muslime, die gut Deutsch sprechen. Mit wenigen Ausnahmen lernten die Schüler diszipliniert. Die den Unterricht störten, wurden aus der Stunde entlassen. Ich verbrachte im Haus „Vielinbusch" in Bonn zwei Jahre und lernte mit den Schülern, einer Kollegin und einem Kollegen im Unterricht an zwei Tagen der Woche.

In der Familienbildungsstätte hatte ich eine Chance meine Bilder, die ich im Laufe der Jahre entwickelte, auszustellen. Ich bat um Erlaubnis und ließ nach der Zusage die für mich schönsten Aufnahmen aufziehen.

Die Ausstellung im Haus dauerte 6 Wochen und war ein Erfolg. Ich hatte mehrere Bilder verkaufen können.

Rente

Der Ort war klar: Ich musste in Bonn zur Rentenstelle und meinen Rentenantrag abgeben. Zunächst erkundigte ich mich, welche Unterlagen benötigt wurden. Innerhalb einer Woche sammelte ich alles zusammen, was die Rentenstelle interessierte und mich betraf. Besonders legte ich auf die Rentenausfallzeiten Wert: die Schulzeit, die Bundeswehrzeit und das Studium. Insgesamt fehlte mir ein Jahr Rentenzeit, dass ich aber über die Ausfallzeiten abdecken konnte. Ich wies von dreiundsechzig Lebensjahren dreiundvierzig Jahre versicherungsrelevante Zeiten nach. Mit den üblichen Abzügen ging ich in den offiziellen Ruhestand. Nach gut einer weiteren Woche landete bei mir ein Brief des Versicherungsträgers mit meinem Rentenbescheid im Briefkasten.

Nachdem ich in diesem Jahr einen Stent am Herzen erhalten habe, fühle ich mich gesund, versuche sparsam zu leben, sorge mich nicht mehr um das Geld, finde Zeit ehrenamtlich tätig zu sein, Sport zu treiben und mich mit dem Schreiben und der Fotografie zu beschäftigen.

Zeitfracht Medien GmbH
Ferdinand-Jühlke-Straße 7
99095 Erfurt, Deutschland
produktsicherheit@kolibri360.de

-